Marco Tamborini

# Im Anfang war die Tat!

## Handlungen, Wissensproduktion und das Problem der Philosophiemethode

Schwabe Verlag

Diese Publikation wurde ermöglicht durch den Open-Access-Monografien-Fonds der ULB Darmstadt.



Bibliografische Information der Deutschen Nationalbibliothek
Die Deutsche Nationalbibliothek verzeichnet diese Publikation in der Deutschen Nationalbibliografie; detaillierte bibliografische Daten sind im Internet über http://dnb.dnb.de abrufbar.


Korrektorat: Jens Stahlkopf, Berlin
Cover: Schwabe Verlag, Berlin
Layout: icona basel gmbh, Basel
Satz: 3w+p, Rimpar
Druck: Prime Rate Kft., Budapest
Printed in the EU
Herstellerinformation: Schwabe Verlag, Schwabe Verlagsgruppe AG,
St. Alban-Vorstadt 76, CH-4052 Basel, info@schwabeverlag.ch
Verantwortliche Person gem. Art. 16 GPSR: Schwabe Verlag GmbH,
Marienstraße 28, D-10117 Berlin, info@schwabeverlag.de
ISBN Printausgabe 978-3-7965-5458-2
ISBN eBook (PDF) 978-3-7965-5459-9
DOI 10.24894/978-3-7965-5459-9
Das eBook ist seitenidentisch mit der gedruckten Ausgabe und erlaubt Volltextsuche.
Zudem sind Inhaltsverzeichnis und Überschriften verlinkt.

rights@schwabe.ch
www.schwabe.ch

Für meinen Vater

«Was die Vorstellung von einem Anfang betrifft – ich meine, von einem absoluten Anfang –, so ist sie notgedrungen ein Mythos.»

Paul Valéry, *Zu «Heureka»*.

«Es ist nicht *draussen*, da sucht es der Tor,
*Es ist in dir, du bringst es ewig hervor.*»

Friedrich Schiller, *Die Worte des Wahns.*

# Inhalt

# Dank

Dieses Buch ist im Rahmen des DFG-Projekts «Hybride Systeme, Bionik und die Zirkulation von morphologischem Wissen in der zweiten Hälfte des 20. und dem frühen 21. Jahrhundert» entstanden (DFG-Projektnummer 491776489).

Ich möchte mich für Kommentare, Anmerkungen und Diskussionen bei Renato Pettoello, Andrea Gentili, Michele Cardani, Anna Pia Ruoppo, Matteo Monticelli, Christian Barth und dem Schwabe Verlag bedanken.

Ich habe einige Ideen, die ich dann in diesem Buch entwickelt habe, auf dem Weltkongress der Philosophie in Rom 2024 vorgestellt. Ich möchte Fabio Grigenti und Gaetano Rametta sowie allen ForscherInnen der Forschungsgruppe *Metamorphose des Transzendenten* «Metamorfosi del Trascendentale» an der Universität Padua (Unipd) für ihr positives Feedback und die anregenden Diskussionen herzlich danken.

Federico Donelli verdient besonderen Dank für seine großartige Unterstützung.

Schließlich möchte ich mich herzlich bei Louisa Maria Born für ihre hervorragende Arbeit und ihre stets wertvollen Anregungen bedanken.

# 1. Einleitung

*Il fait bon reculer pour mieux sauter.*

Im Evangelium nach Johannes wird die berühmte Szene erzählt, in der Pontius Pilatus in einem Gespräch mit Jesus die Frage stellt: «Was ist Wahrheit?»[1] Pilatus stellt diese Frage und geht sofort hinaus zu den jüdischen Führern, ohne auf eine Antwort zu warten.

In seinen *Bekenntnissen* fragt der Kirchenvater Augustinus nach dem Sinn seiner Beichtpraxis im Kontext eines allwissenden Gegenübers. Auf diese Frage findet Augustinus eine Antwort: Der Sinn der Beichtpraxis (und damit des Offenlegens der Wahrheit) liegt in der Handlung selbst. Diese *Tat* verwandelt sich in eine *Handlung* im subjektiven und intersubjektiven Spiel: im Handeln in mir selbst und im Erzeugen möglicher Repräsentationen (in diesem Fall die *Bekenntnisse* Augustinus') für andere. Augustinus schreibt zu Beginn des zehnten Buches: «Denn siehe, die Wahrheit hast du geliebt, denn wer sie tut, der kommt an das Licht. Ich will sie tun in meinem Herzen vor dir im Bekenntnisse; schriftlich aber meinerseits vor vielen Zeugen.»[2]

Augustinus' Idee, die sich in der Philosophie des späteren Ludwig Wittgenstein (1889–1951) widerspiegeln wird, besteht darin, dass der Sinn einer Praxis (in diesem Fall der Beichte, um eine mögliche Wahrheit hervorzubringen) in der Verbindung von konkretem Handeln und der Erzeugung intersubjektiver Repräsentationen (hier durch das Schreiben) innerhalb der Praxis liegt: Der Sinn (oder für Augustinus der *Logos*) ist im Handeln selbst enthalten.

Johann Wolfgang Goethe (1749–1832) steht in seinem *Faust* vor einer ähnlichen Problematik: Faust sitzt in seinem Studierzimmer und versucht, das Johannesevangelium zu übersetzen. Doch gleich der erste Satz «Ἐν ἀρχῇ ἦν ὁ λόγος» – «Im Anfang war der *Logos*» – stellt ihn vor eine schwer überwindbare Schwierigkeit. So schreibt Goethe:

> «Geschrieben steht: ‹Im Anfang war das Wort!›,
> Hier stock ich schon! Wer hilft mir weiter fort?

---

1 Johannes, «Die Bibel in der Einheitsübersetzung, Das Evangelium nach Johannes (18,38)».

2 Augustinus, *Bekenntnisse*, 212.

> Ich kann das Wort so hoch unmöglich schätzen,
> ich muss es anders übersetzen,
> wenn ich vom Geiste recht erleuchtet bin.
> Geschrieben steht: Im Anfang war der Sinn.
> Bedenke wohl die erste Zeile,
> dass deine Feder sich nicht übereile!
> Ist es der Sinn, der alles wirkt und schafft?
> Es sollte stehn: Im Anfang war die Kraft!
> Doch, auch indem ich dieses niederschreibe,
> schon warnt mich was, dass ich dabei nicht bleibe.
> Mir hilft der Geist! Auf einmal seh ich Rat
> und schreib' getrost: Im Anfang war die Tat!»[3]

Welche Beziehung besteht zwischen dem Anfang und der Tat? Welches Verhältnis gibt es zwischen unserem Handeln und der Möglichkeit, die Welt sicher zu erkennen und dadurch mögliche Vorstellungen zu erzeugen? Was steht am Anfang dieses Prozesses, das ihn rechtfertigt? Und wie kann man Gewissheit erlangen, wenn man das Verhältnis zwischen Anfang, Grund und Handlung untersucht? Kurz gesagt: Warum kann man getrost schreiben, dass am Anfang die Tat war?

Diesen Fragen widme ich mich, indem ich zentrale Kapitel der deutschsprachigen Debatte vom 18. bis zum 21. Jahrhundert über das Verhältnis von Handlung und Anfang in unserem Weltverhältnis beleuchte, um die mögliche Erkenntnis der Welt und unser Verhältnis zu ihr zu begründen. In der Diskussion über das Verhältnis von Handlung und Anfang berufen sich Philosophen wie Paul Natorp (1854–1924) (im zweiten Kapitel), Edmund Husserl (1859–1838) (im dritten Kapitel), Ernst Cassirer (1874–1845) (im vierten Kapitel) und Ludwig Wittgenstein (im abschließenden Kapitel) immer wieder auf Goethes Satz «Im Anfang war die Tat». Sie[4] wählen diesen Satz als Motto, um die Aufgabe

---

3 Goethe, *Faust. Der Tragödie erster Teil*, 36.

4 Ich bin mir bewusst, dass ich in diesem Buch nur diejenigen Autoren behandelt habe, die sich ausdrücklich auf Goethes Satz berufen und ihn interpretiert haben, um ihre eigene Philosophie zu begründen. Darüber hinaus haben diese Philosophen durch ihre Interpretation einen bedeutenden Beitrag zur heutigen Philosophie der Wissenschaft und Technik in der Praxis geleistet. Dies bedeutet jedoch nicht, dass sie die einzigen sind, die dies getan haben. Ebenso impliziert es nicht, dass meine die einzige mögliche Genealogie ist. Im Gegenteil (und wie ich in diesem Buch vertrete) ist ein genealogischer Pluralismus unerlässlich, um verschiedene Stimmen zusammenzuführen und Ideen aus unterschiedlichen Geschlechtern, sozialen Systemen, kulturellen Kontexten und geografischen Regionen zu vergleichen. Der nächste Schritt könnte daher darin bestehen, die verschiedenen Genealogien miteinander zu verbinden, um aufzuzeigen, wie sichtbare und unsichtbare Akteure und Akteurinnen aus unterschiedlichen soziokulturellen Systemen interagieren. Für alternative Genealogien, die andere Akteure oder Akteurinnen in den Vordergrund stellen, aber die in diesem Buch dargestellten Dynamiken nicht im Detail analysieren, siehe Vogelmann, *Die Wirksamkeit des Wissens. Eine*

und Methode der Philosophie zu charakterisieren, die Möglichkeit des Erfahrens und Erkennens der Welt zu reflektieren (und zu begründen). «Im Anfang war die Tat» wird auch das methodische Schlüsselprinzip dieses Buches sein, mit dem einerseits die Debatte zwischen diesen und weiteren PhilosophInnen darüber, wie unser Weltverhältnis begründet werden kann (oder nicht), gelesen wird; andererseits wird der Satz durch eine Analyse dieser philosophischen Debatte nützlich sein, um einige Elemente der gegenwärtigen Wissenschafts- und Technikphilosophie in der Praxis zu verstehen und zu kontextualisieren.

Laut den BefürworterInnen der Wissenschafts- und Technikphilosophie in der Praxis basiert (und beginnt) die Produktion von Wissen auf der inneren Grammatik unserer Praktiken. Was ist nun die umfassendere Genealogie dieses so fruchtbaren Ansatzes in der zeitgenössischen Philosophie? Wie ich in den folgenden Seiten zeigen werde, ist dieser Diskurs tief in der Geschichte der Wissenschaftsphilosophie und in der Interpretation von Goethes Satz «Im Anfang war die Tat» verwurzelt.

Zusätzlich zu diesen beiden geschichtsphilosophischen Zielen erschließt meine Studie die Art und Weise, wie Goethes Satz «Im Anfang war die Tat» von verschiedenen PhilosophInnen als methodische Maxime für ihr System verwendet wurde, eine breitere theoretische Debatte über zentrale Themen der gegenwärtigen Philosophie: War am Anfang die Tat oder basiert der Erkenntnisprozess auf Strukturen der Realität, die unabhängig von uns gegeben sind? Ist die *object-oriented ontology*[5], die das Zentrum der Existenz einer uns unabhängigen Objektualität setzt, vertretbar? Durch die Analyse des Verhältnisses von Handlung und Anfang in unserem Verhältnis zur Welt werde ich zeigen, wie das methodologische Paradigma, das auf einem starken Korrelationismus zwischen Subjekt und Objekt basiert, immer noch eine solide Gültigkeit hat. Es erlaubt, über Dualismen hinauszugehen, um ein Prinzip der Grundlegung zu fassen, das die Unterschiede zwischen Subjekt und Objekt rechtfertigt und aufrechterhält und den Produkten unseres Handelns (den *Tatsachen) ontologische* Stabilität und Autonomie verleiht. Bevor wir jedoch tiefer in diese Themen eintauchen, ist

*politische Epistemologie*; Hoppe und Vogelmann, *Feministische Epistemologien: ein Reader*; Gjesdal und Nassar, *The Oxford handbook of nineteenth-century women philosophers in the German tradition*; Hutton und Hagengruber, *Women, philosophy and the history of philosophy*; Verhaegh u. a., «Introduction: Women in the history of analytic philosophy».

5 Methodische Anmerkung: In diesem Buch habe ich beschlossen, Verweise auf Sekundärliteratur auf ein Minimum zu reduzieren, um Primärquellen so direkt wie möglich zu Wort kommen zu lassen. Zur object-oriented ontology siehe Harman, *Object-oriented ontology: A new theory of everything*; Harman, «Object-Oriented Ontology (OOO)»; Lemke, «Materialism without matter: The recurrence of subjectivism in object-oriented ontology»; Hoppe und Lemke, *Neue Materialismen zur Einführung.*

es notwendig, eine kurze Einführung zu geben und einige der Hintergrundthemen der nächsten Kapitel darzulegen.

## Tat und Anfang

Die Tat ist das, was ausgeführt oder vollbracht werden muss, beziehungsweise jede Handlung, die aus der Perspektive des Subjekts betrachtet wird, das sie ausführt. Jede Tat hat daher immer ein Ziel und ein Objekt, auf das sie sich richtet. Aristoteles analysiert die Handlung in Bezug auf das Ziel, auf das sie gerichtet ist, und unterscheidet dabei zwei Arten praktischer Tätigkeit: *Poiesis* und *Praxis:*

- Die *Poiesis* hat als Ziel ein Produkt, das außerhalb der Handlung selbst liegt. Der Wert dieser Tätigkeit liegt im geschaffenen Objekt und in der technischen Fähigkeit (*Technè*), die notwendig ist, um es zu realisieren.
- Die *Praxis* hingegen hat ihr Ziel im Handeln selbst. Das Gute der *Praxis* besteht in der tugendhaften Handlung, die sie hervorbringt. Das höchste Resultat dieser Tätigkeit ist die Verwirklichung der Glückseligkeit *(Eudaimonie)*, die Aristoteles als das gute Leben betrachtet.

Während die *Poiesis* auf technischen Fähigkeiten beruht, hängt die *Praxis* von der Fähigkeit ab, auf kluge Weise *(Phronesis)* zu wählen, indem man die geeigneten Mittel zur Erreichung eines ethischen Ziels bewertet. Diese Unterscheidung zwischen *Praxis* und *Poiesis* wird in der Philosophie Kants wieder aufgegriffen und weiterentwickelt. Kant schreibt:

> «*Tat* heißt eine Handlung, sofern sie unter Gesetzen der Verbindlichkeit steht, folglich auch, sofern das Subjekt in derselben nach der Freiheit seiner Willkür betrachtet wird. Der Handelnde wird durch einen solchen Akt als *Urheber* der Wirkung betrachtet, und diese, zusamt der Handlung selbst, können ihm *zugerechnet* werden, wenn man vorher das Gesetz kennt, kraft welchem auf ihnen eine Verbindlichkeit ruht.»[6]

In der Tat gibt es also eine innere Gesetzmäßigkeit, die analysiert werden kann (und muss). Darüber hinaus, genau weil in der Tat ein inneres Gesetz existiert, handelt die Person, die den Akt vollzieht, frei, indem sie mit ihrem eigenen Willen entscheidet, gemäß einer Regel zu handeln. Von diesem Punkt aus können (aristotelisch betrachtet) zwei verschiedene Bereiche der Handlung unterschieden werden, denen wiederum zwei verschiedene innere Gesetze unterliegen: Die Prinzipien, die die erkenntnistheoretische Handlung des Subjekts leiten, sind verschieden von denen, die die moralische Handlung leiten. Diese dürfen nicht vermischt werden.

6 Kant, *Die Metaphysik der Sitten*, 329. Hervorhebungen im Original.

In diesem Buch werde ich mich mit der Vorstellung der erkenntnistheoretischen Handlung und der möglichen inneren Gesetzmäßigkeit dieser Handlung befassen und die zweite Vorstellung der Handlung sowie deren Beziehung zum erkenntnistheoretischen Akt völlig unberücksichtigt lassen. Ich bin mir jedoch bewusst, dass diese Unterscheidung analytisch und methodologisch ist. In der Tat überschneidet sich der erkenntnistheoretische Akt immer mit der moralischen Handlung eines Subjekts in der Welt. Um jedoch diese Überschneidung zu verstehen, ist es notwendig, analytische und bewegliche Grenzen zu setzen. In diesem Zusammenhang beziehe ich mich auf die Vorstellung von dynamischen Grenzen, die Kant in *Paragraph 57* seines Werks *Prolegomena zu einer jeden künftigen Metaphysik, die als Wissenschaft wird auftreten* (1783) ausdrückt und von Wittgenstein weiterentwickelt wird. Wittgenstein schreibt:

> «Wenn Einer eine scharfe Grenze zöge, so könnte ich sie nicht als die anerkennen, die ich auch schon immer ziehen wollte, oder im Geist gezogen habe. Denn ich wollte gar keine ziehen. Man kann dann sagen: sein Begriff ist nicht der gleiche wie der meine, aber ihm verwandt. Und die Verwandtschaft ist die zweier Bilder, deren eines aus unscharf begrenzten Farbflecken, das andere aus ähnlich geformten und verteilten, aber scharf begrenzten, besteht. Die Verwandtschaft ist dann ebenso unleugbar, wie die Verschiedenheit.»[7]

Mit diesen und ähnlichen Bemerkungen möchte Wittgenstein betonen, dass bestimmte Konzepte unmöglich exakt definiert werden können, da sie davon abhängen, wie sie innerhalb eines Systems von Praktiken verwendet werden. Darüber hinaus beruht der Gebrauch von Sprache auf einem System von Zielen, das dem Handeln selbst innewohnt und verschiedenen Lebensformen unterliegt. Die Grenze, die zwischen erkenntnistheoretischer Handlung und Praxis gezogen wird, ist also beweglich und dynamisch, aber nicht willkürlich.

Eine weitere Klarstellung ist erforderlich: Da die Tat ein Setzen mit intrinsischen und klaren Regeln ist, befindet sich im Handeln selbst der Gedanke, die Theorie (oder allgemeiner der *Logos*), und kann mit ihr zusammenfallen. Es gibt unzählige Beispiele in der Geschichte der Philosophie, in denen die Identifikation zwischen *Logos* und erkenntnistheoretischer Handlung präsent ist. Diese erreichen ihren Höhepunkt in der heutigen Definition von Technowissenschaften, die ich teile,[8] in der das praktische technologische Handeln und die Theorie

---

7 Wittgenstein, *Philosophische Untersuchungen = Philosophical investigations / Ludwig Wittgenstein*, § 76.

8 Nordmann, «Im Blickwinkel der Technik: Neue Verhältnisse von Wissenschaftstheorie und Wissenschaftsgeschichte»; Nordmann, Bensaude-Vincent und Schwarz, «Science vs. Technoscience»; Bensaude-Vincent, Loeve und Nordmann, «Matters of interest: the objects of research in science and technoscience»; Tamborini, «Technoscientific Approaches to Deep Time»; Tamborini, *Entgrenzung. Die Biologisierung der Technik und die Technisierung der Bio-*

nicht mehr unterscheidbar sind. Mit anderen Worten: In der Tat ist bereits Theorie vorhanden.

Sobald geklärt ist, welche Art von Tat im Mittelpunkt dieses Buches steht (und wie ich den Satz von Goethe «Im Anfang war die Tat» verwenden werde), sind einige Worte zum Begriff des Ursprungs notwendig. In dieser Arbeit werden zwei Bedeutungen des Begriffs «Anfang» hervorgebracht und untersucht: Einerseits verstehen sowohl ich als auch die in diesem Buch besprochenen Philosophen den Anfang im zeitlichen Sinne, von dem aus und mit dem ein erkenntnistheoretischer Akt beginnen kann. In diesem Fall ist der Anfang die gegebene Tatsache der Erkenntnis: die Tatsache, dass wir die Welt auf eine bestimmte Weise erkennen können oder nicht. Andererseits ist der Anfang im logisch-strukturellen Sinne gemeint: was dem epistemischen Akt zugrunde liegt, nicht im zeitlichen Sinne, sondern im Sinne seiner Bedingung der Möglichkeit. In diesem weiteren Fall ist der Anfang als logische Grundlage zu verstehen: die allgemeine Bedingung der Möglichkeit. In diesem Buch werde ich die Beziehung zwischen diesen beiden Bedeutungen des Anfangs untersuchen und wie sie durch das Konzept des epistemischen Aktes miteinander in Beziehung stehen und sich verändern.

## Tathandlung

Von diesen beiden Ausgangspunkten aus kann sofort der Kern des Problems hervorgehoben und die Abstraktionsebene meines philosophischen Diskurses auf den folgenden Seiten aufgezeigt werden. Um dies zu tun, rufe ich kurz die Begrifflichkeit der *Tat-Handlung* bei Johann Gottlieb Fichte (1762–1814) in Erinnerung. Fichte geht von den gleichen beiden Voraussetzungen aus wie ich, um seine Argumentationen zu entwickeln (die, wie bekannt, wiederum Goethe beeinflussen werden[9]). 1794 veröffentlicht Fichte eine Rezension zum Text *Aenesidemus oder über die Fundamente der von Herrn Professor Reinhold in Jena gelieferten Elementar-Philosophie* des deutschen Philosophen Gottlob Ernst Schulze (1761–1833). In diesem Text kritisiert Schulze scharf die kantische Philosophie und die von Karl Leonhard Reinhold (1757–1823) angebotene Interpretation. In Kürze gründet Reinhold die kritische Philosophie auf der Theorie des *menschlichen Vorstellungsvermögens*, also der Fähigkeit, etwas *vor* mir zu setzen

*logie*; Channell, *A History of Technoscience: Erasing the Boundaries Between Science and Technology*.

9 Siehe z.B. Förster, «‹Da geht der Mann dem wir alles verdanken!› Ein Untersuchung zum Verhältnis Goethe – Fichte»; Kühn, *Johann Gottlieb Fichte: ein deutscher Philosoph*; Rametta, *Fichte*; Bergmann, «Fichte und Goethe»; Iovino, «‹Ich ist Nicht-Ich ‹=› Alles ist Alles›. Goethe als Leser der Wissenschaftslehre: Ein Beitrag zur Geschichte des Verhältnisses Fichte – Goethe».

(das besagt eine Tat) und so Repräsentationen, d.h. Vorstellungen, zu erzeugen. Für Reinhold ist dies ein Prinzip, das zugleich ein Faktum der Erkenntnis ist. Schulze kritisiert daraufhin, dass, wenn das Vorstellungsvermögen ein Faktum ist, es per Definition etwas Kontingentes ist, aus dem kein normativer Grundsatz abgeleitet werden kann. Es ist nicht möglich, aus der faktischen und kontingenten Ebene eine normative Ebene abzuleiten. Des Weiteren bemerkt Schulze, dass die kantische Suche nach notwendigen und allgemeinen Kategorien, die Gegenstand der transzendentalen Logik sind, den logischen Prinzipien der Identität und dem Nicht-Widerspruch unterliegen muss, die der formalen Logik eigen sind. In diesem Fall scheint also das Faktum der klassischen Logik eine stärkere Gültigkeit zu haben als die transzendentalen Kategorien, die eigentlich das Fundament der klassischen Logik hätten bilden sollen.

In seiner Rezension von 1794 antwortet Fichte auf Schulze, indem er das Verhältnis zwischen faktuellem Anfang und transzendentalem Prinzip untersucht. Fichte schreibt: «Die erste unrichtige Voraussetzung, welche seine Aufstellung zum Grundsatze aller Philosophie veranlaßte, war wohl die, daß man von einer Thatsache ausgehen müsse.»[10] Weiter bemerkt Fichte:

> «Und allerdings muß S[ubjekt] und O[bjekt] eher gedacht werden, als die Vorstellung; aber nicht im Bewußtseyn, als empirischer Bestimmung des Gemüths [...]. Das absolute Subject, das Ich, wird nicht durch empirische Anschauung gegeben, sondern durch intellectuelle gesetzt; und das absolute Object, das Nicht-Ich, ist das ihm entgegengesetzte.»[11]

Durch diesen methodologischen Schritt, behauptet Fichte, kommt man zu dem realen Grundsatz: «aber [ein solcher realer, und nicht bloß formaler Grundsatz] muß nicht eben eine That*sache*, er kann auch eine That*handlung*» sein.[12]

Die Tathandlung ist der Akt, mit dem das Ich sich selbst setzt und sich selbst definiert. Dieser Akt ist kein Ereignis, das von dem Bewusstsein getrennt ist, sondern die Bedingung selbst, die jede Erkenntnis und Handlung möglich macht. Mit anderen Worten, die Tathandlung ist die kreative Aktivität, durch die das Ich sich seiner selbst und der Welt bewusst wird. Für Fichte ist die Realität das Ergebnis der Tathandlung: Das Ich schafft sich selbst und die Welt durch einen fortwährenden und kreativen Akt. Fichte führt das Konzept des Nicht-Ich als die Grenze ein, die das Ich selbst seiner eigenen Aktivität setzt. Diese Grenze ist nichts Äußeres oder Objektives, sondern eine innere Notwendigkeit für das begrenzte Bewusstsein. Ohne das Nicht-Ich wäre das Ich absolut frei und unendlich, ohne jeden Inhalt. Daher schaffen sich das Ich und das Nicht-Ich wechselseitig in einem dynamischen und kontinuierlichen Prozess. Fichte wird sein

10 Fichte, *Werke 1793–1795 (Werke Band 2)*, 46.

11 Fichte, 48.

12 Fichte, 46.

Leben lang suchen nach dem «absolutersten, schlechthin unbedingten Grundsatz alles menschlichen Wissen. Beweisen, oder bestimmen läßt er sich nicht, wenn er absoluterster Grundsatz sein soll.»[13] Mit anderen Worten stellt Fichte uns das Problem, ob es möglich ist, von einem Faktum zu einer Untersuchung des generativen Prinzips überzugehen, das es ermöglicht. Dieses generative Prinzip ist der prozessuale Akt, der sich aus der Handlung selbst setzt. Diese Tathandlung steht am Anfang des Prozesses: «Im Anfang war die Tat.»

Alle PhilosophInnen, die in den kommenden Kapiteln behandelt werden, werden über die Lösung Fichtes und das Verhältnis zwischen Anfang, Faktum, Akt und Grundsatz nachdenken. Insbesondere werde ich in der Erzählung, die ich in diesem Buch entwickle und die die Grundlage meines philosophischen Ansatzes bildet, zeigen, dass an einem bestimmten Punkt der Übergang von der Suche nach einem Grundsatz und einer Erklärung zu einer bloßen Beschreibung erfolgen muss. Mit anderen Worten, ich werde die Unmöglichkeit aufzeigen und für diese argumentieren, von einem Faktum zu einem einzigen, fundamentalen Prinzip überzugehen. Vielmehr besteht die Notwendigkeit, das Faktum als ein Ensemble dynamischer Tatsachen zu studieren, die vom Subjekt gesetzt werden und mit einer internen Grammatik versehen sind, die jeweils zu untersuchen und zu erforschen ist.

Dieser Punkt steht im Zusammenhang mit einem allgemeineren polemischen Ziel meines Buches, das ich bereits auf den ersten Seiten angedeutet habe: Müssen wir aus dem Prinzip der Korrelation, das Subjekt und Objekt miteinander verbindet, heraustreten und den erkenntnistheoretischen Akt des Subjekts mit seiner intrinsischen Gesetzmäßigkeit aufgeben, um zu verstehen, wie wir die Welt erkennen? Gibt es ein Reich von Objektualitäten, die unabhängig vom Subjekt existieren? Die Antwort einiger zeitgenössischer philosophischer Strömungen scheint dem Prinzip der Unabhängigkeit des Objekts vom Subjekt zu folgen. Allerdings, wie ich in den kommenden Kapiteln darlegen werde, ist der von diesen PhilosophInnen eingeschlagene Weg meiner Ansicht nach fehlerhaft.

## Korrelationismus und Pluralismus

Im Laufe der letzten Jahre hat sich eine Vielzahl von philosophischen Ansätzen entwickelt, die darauf abzielen, dem Objekt und der Natur im Erkenntnisprozess mehr ontologische Bedeutung und Freiheit zu verleihen. Ein wesentliches Merkmal dieser Ansätze ist, dass Objekt und Natur unabhängig vom Subjekt gegeben sind. Trotz einiger wichtiger Verdienste des neuen Materialismus und der *object-oriented ontology* sind die theoretischen Grenzen offensichtlich. Ein Beispiel unter vielen: der Vorschlag, den Korrelationismus von Subjekt und Ob-

13 Fichte, 255.

jekt als Grundlage des Wissens aufzugeben. Der Sündenbock wird in Kant und seiner Philosophie identifiziert.

Unter all den Befürwortern dieser gegenkopernikanischen Revolution möchte ich einen nennen: Quentin Meillassoux. In *Après la finitude. Essai sur la nécessité de la contingence* [*Nach der Endlichkeit: Versuch über die Notwendigkeit der Kontingenz*] (2006) definiert der französische Philosoph den Korrelationismus als «die Idee, derzufolge wir Zugang nur zu einer Korrelation von Denken und Sein haben, und nie gesondert zu einem der beiden Begriffe».[14] Er identifiziert den Korrelationismus als eine philosophische Strömung, die seit der kantischen Epoche vorherrschend ist und von der Überzeugung geprägt wird, dass es unmöglich ist, Objekte oder Subjekte getrennt von ihrer Beziehung zueinander zu denken oder zu erkennen. Er fügt hinzu:

> «[D]er Korrelationismus besteht in der Zurückweisung aller Versuche, die Sphären der Subjektivität und der Objektivität unabhängig voneinander zu denken. Man muss nicht nur behaupten, dass wir niemals einen Gegenstand ‹an sich›, unabhängig von seiner Beziehung zum Subjekt, begreifen können, sondern auch, dass wir niemals ein Subjekt erfassen können, das nicht immer-schon in Beziehung zu einem Gegenstand steht.»[15]

Diese Auffassung impliziert, dass weder ein Objekt an sich noch ein Subjekt ohne Beziehungen jemals zugänglich sind.

Meillassoux unterscheidet zwei Hauptformen des Korrelationismus:

1. Schwacher Korrelationismus, exemplifiziert durch Kant, der die Existenz des «In-sich» anerkennt, aber es für unerkennbar hält.
2. Starker Korrelationismus, der in der zeitgenössischen Philosophie vorherrscht und das «In-sich» nicht nur als unerkennbar, sondern auch als unvorstellbar betrachtet. Meillassoux kritisiert Letzteres als eine Form des Fideismus («Der Fideismus ist der andere Name des starken Korrelationismus»[16]), bei dem der Glaube über die Vernunft als einziges Mittel zur Erlangung des Absoluten steht.

Laut Meillassoux erweist sich der Korrelationismus als unhaltbar im Angesicht des Konzepts des Archifossilen, das eine Realität vor der menschlichen Existenz repräsentiert. «[D]ie fossile Materie», argumentiert Meillassoux, «[ist] die *gegenwärtige* Gebung eines der Gebung *vorausgehenden* Seins, d. h. dass ein Archifossil das der Manifestation vorausgehende Seiende manifestiert.»[17] Und er schreibt weiter:

---

14 Meillassoux, *Nach der Endlichkeit: Versuch über die Notwendigkeit der Kontingenz*, 18.
15 Meillassoux, 18.
16 Meillassoux, 72.
17 Meillassoux, 29. Hervorhebungen im Original.

> «Für den Korrelationisten jedoch lösen sich solche Aussagen in Nichts auf, sobald man den seiner Meinung nach eklatanten Selbstwiderspruch der vorherigen Definition des Archifossilen ans Licht bringt: *Gebung eines der Gebung vorausgehenden Seins.* ‹*Gebung des Seins*› – dies ist der springende Punkt, auf den es hier ankommt: Das Sein *ist* nicht der Gebung vorausgehend, es *gibt sich* als der Gebung vorausgehend. Was genügt, um zu beweisen, dass es absurd ist, eine der Gebung selbst – noch dazu chronologisch – vorausgehende Existenz in Betracht zu ziehen.»[18]

Mit anderen Worten: Meillassoux behauptet, dass das «Archifossile» (eine Art von Realität, die unabhängig von unserer Wahrnehmung ist) etwas ist, das existiert, bevor wir es wahrnehmen können. Es ist eine Realität, die in der Vergangenheit existiert und die wir erst jetzt, in der Gegenwart, entdecken können, die aber nicht von unserer Erfahrung oder Wahrnehmung abhängt.

Bevor ich mich dem zentralen Einwand von Meillassoux gegen den Korrelationismus in Bezug auf mein Buch zuwende, lohnt es sich, diesen ersten Einwand genauer zu betrachten, um seine Grenzen aufzuzeigen. Wie ich bereits in verschiedenen Publikationen dargelegt habe,[19] hängt unser Wissen über die Vergangenheit und die «deep time» (die geologische Zeit der Erde) in wesentlichem Maße von der Korrelation und insbesondere den Handlungen des Subjekts in Bezug auf technologische Produktion ab. Der wesentliche Punkt ist, dass, um etwas wie das Aussterben der Dinosaurier zu verstehen, ein konzeptionelles Framework erforderlich ist, dieses Framework jedoch nicht vor dem Ereignis selbst existieren muss. Es gibt einen Unterschied zwischen dem zeitlichen und dem logischen Plan, und der Korrelationismus gründet sich auf Letzterem.

Die erste Kritik ist ziemlich trivial. Der zweite Punkt von Meillassoux ist interessanter: Er bezieht sich auf das Verhältnis zwischen Faktum und Kontingenz. Meillassoux kritisiert den kantianischen Transzendentalismus, indem er ihn als eine schwache Version des Korrelationismus betrachtet. Nach Meillassoux vergisst Kant die absolute Kontingenz des Realen. Meillassoux behauptet, dass erstens das transzendentale Subjekt als «*avoir lieu* [stattfinden]»[20] verstanden werden muss, d.h. als ein Subjekt, das der gleichen Kontingenz unterliegt wie jedes andere Wesen. Zweitens: Um den Transzendentalismus zu überwinden, schlägt er eine spekulative Denkweise vor: «Nennen wir spekulativ jedes Denken, das den Anspruch erhebt, zu einem Absoluten im Allgemeinen zu gelangen.»[21] Mit dem Absoluten meinte er «[e]in Außen, das nicht relativ zu uns

---

18 Meillassoux, 29–30. Hervorhebungen im Original.

19 Cardani und Tamborini, «Italian New Realism and Transcendental Philosophy: A Critical Account»; Tamborini, «Technoscientific Approaches to Deep Time»; Tamborini, «Data and Visualizations of Deep Time»; Tamborini, *Entgrenzung. Die Biologisierung der Technik und die Technisierung der Biologie.*

20 Meillassoux, *Nach der Endlichkeit: Versuch über die Notwendigkeit der Kontingenz*, 42.

21 Meillassoux, 54.

war, das sich seiner Gebung gegenüber indifferent gab, um das zu sein, was es ist, in sich selbst bestehend, ob wir es denken oder nicht; ein Außen, das vom Denken mit dem berechtigten Gefühl durchlaufen werden konnte, in der Fremde – diesmal ganz woanders – zu sein».[22] Schließlich erklärt er, dass «nicht jedes Absolute dogmatisch ist»[23] und dass es möglich ist, ein absolutisierendes Denken zu konzipieren, ohne dogmatisch zu sein.

Als Gegenposition zum Korrelationismus und Transzendentalismus schlägt Meillassoux den spekulativen Materialismus vor, der die absolute Kontingenz des Seins bejaht. Laut ihm ist die Faktualität, also das Fehlen einer letzten Erklärung, warum Dinge so sind, wie sie sind, nicht eine Grenze des Denkens, sondern die wesentliche Eigenschaft des Seins. Dementsprechend führt er das Prinzip der Unvernunft ein: «Nichts hat in Wirklichkeit einen Grund, eher so zu sein und zu bleiben als anders zu werden.»[24] Durch dieses Prinzip beabsichtigt er, drei Punkte zu bekräftigen:

1. Widerlegung des Prinzips der hinreichenden Ursache: Im Gegensatz zur metaphysischen Tradition von Leibniz an, leugnet Meillassoux, dass alles eine hinreichende Erklärung haben muss.
2. Bejahung des Prinzips des Nicht-Widerspruchs: Das Fehlen einer Ursache verstärkt die logische Kohärenz.
3. Logos der Kontingenz: «Denn gerade durch die fortschreitende Entdeckung einer Gesamtheit von ganz neuen Problemen und adäquaten Antworten können wir einen Logos der Kontingenz nähren und zur Existenz bringen, oder auch eine vom Satz vom Grund emanzipierte Vernunft.»[25]

Meillassoux führt anschließend das Konzept der «Faktualität»[26] ein: «Das soll bedeuten, dass die Faktizität aller Dinge nicht selbst als eine Tatsache gedacht werden kann. Die Faktualität muss daher als die Nicht-Faktizität der Faktizität verstanden werden. Wir werden die ‹Nicht-Verdoppelung der Faktizität› als die Unmöglichkeit ihrer Auto-Attribuierung bezeichnen.»[27] Dieses Konzept will die Idee der Kontingenz radikalisieren: «Einzig die Faktizität ist nicht faktisch – einzig die Kontingenz dessen, was ist, ist nicht selbst kontingent.»[28] Aus Meillassoux' Perspektive zeigt die Faktualität, dass Kontingenz ein positiver Grundsatz ist und kein Limit für das Wissen.

22 Meillassoux, 21.
23 Meillassoux, 54.
24 Meillassoux, 78.
25 Meillassoux, 106.
26 Meillassoux, 109.
27 Meillassoux, 109.
28 Meillassoux, 109.

Mit seinem spekulativen Materialismus lehnt Meillassoux sowohl den Fideismus des starken Korrelationismus als auch den Dogmatismus der traditionellen Metaphysik ab. Seine Philosophie zielt darauf ab, das Absolute in Begriffen radikaler Kontingenz zu denken und eine Vernunft zu entwickeln, die von den Grenzen des Prinzips der hinreichenden Ursache befreit ist. Dies ermöglicht es, ein «Logos der Kontingenz» zu entwickeln, der nicht nur die Faktizität der Dinge untersucht, sondern auch die «Bedingung der Faktizität».[29]

Meillassoux stellt einen wichtigen Punkt auf (der, wie wir gesehen haben, bereits in anderen Begriffen von Schulze aufgeworfen wurde): Gibt es Notwendigkeit und Regeln in der Kontingenz? Wie untersucht man die historische Entwicklung und die intrinsische Kontingenz des Faktums? Wenn sich Disziplinen und Subjekte vollkommen kontingent entwickeln, welche Regeln wirken innerhalb dieser? Haben diese eine Gültigkeit? Wie muss sich das Konzept von A priori, Transzendentalem oder interner Grammatik aufgrund der Historizität und damit der Kontingenz des Faktums ändern? Und schließlich, stellt die Notwendigkeit der Kontingenz eine Herausforderung für den Korrelationismus dar? In den nächsten Kapiteln werde ich all dies behandeln und zeigen, wie das kontingente Faktum, das sich ständig verändert, innerhalb des Korrelationismus untersucht werden kann und muss.

## Tat, Praxis und ANT: Wie die Wissenschaft zur generativen Handlung wird

Wie gesehen, steht die Tat im Zentrum des menschlichen Handelns, sei es als Ausdruck einer ethischen Praxis oder als technische Hervorbringung. Wie bereits erläutert, zieht Aristoteles eine grundlegende Unterscheidung zwischen *Praxis* und *Poiesis*, die später von Kant und anderen PhilosophInnen weiterentwickelt wurde. Diese Differenzierung ist nicht nur aus methodologischer Perspektive bedeutsam, sondern bietet auch eine Grundlage für die Analyse moderner philosophischer Strömungen, wie der *Science and Technology Studies* (STS), und deren Auffassung von wissenschaftlicher Erkenntnis.

Die STS knüpfen an diese klassische Tradition an, indem sie den epistemischen Akt als einen Handlungsprozess begreifen, der nicht im abstrakten Bereich logischer Prinzipien verbleibt, sondern aus praktischen, sozialen und technischen Interaktionen hervorgeht. Die zeitgenössische Philosophie der STS basiert auf der Auffassung, dass wissenschaftliches Wissen nicht auf vorgegebenen objektiven Wahrheiten beruht, sondern auf sozialen, technischen und kognitiven Praktiken. Die Verbindung zum Konzept der Tat und der Handlung wird in dieser Perspektive besonders deutlich: Wissenschaftliches Wissen ent-

29 Meillassoux, 109.

steht nicht durch eine passive Beobachtung der Welt, sondern durch einen aktiven Produktionsprozess. In diesem Sinne ist Wissenschaft ein praktisches System, das Regeln, Praktiken, Werkzeuge und Verfahren umfasst.

Darüber hinaus findet sich in den zeitgenössischen STS die Idee der epistemischen Praktiken, das heißt die Vorstellung, dass Wissen nicht das Ergebnis reiner logischer Prinzipien ist, sondern das Produkt konkreter menschlicher Aktivitäten. Ebenso wie die aristotelische Unterscheidung zwischen *Praxis* und *Poiesis* zwei Arten des Handelns hervorhebt, unterscheidet sich im Kontext der STS die wissenschaftliche Praxis (verstanden als die Umsetzung von Laborpraktiken) von der *Poiesis* (dem finalen wissenschaftlichen Ergebnis, wie einer Publikation oder Technologie). Gleichzeitig ist das Ergebnis (*Poiesis*) jedoch untrennbar mit den Praktiken verbunden, die es hervorgebracht haben.

Genau an diesem Punkt setzt Bruno Latours Akteur-Netzwerk-Theorie (ANT) an,[30] die die klassische Trennung zwischen Subjekt und Objekt aufhebt und stattdessen von Aktanten spricht, die wechselseitig als Menschen oder Nicht-Menschen agieren. Die Verbindung zwischen Aristoteles' Begriffen der *Praxis* und *Poiesis* und Latours Konzept der verteilten *Agency* verdeutlicht, dass Handlungen nicht als mechanische Bewegungen, sondern als bedeutungsvolle und generative Aktionen zu verstehen sind.

Aus der Perspektive der ANT besteht die Welt nicht aus einer vorgegebenen, vom Menschen unabhängigen Realität (Realismus), sondern aus einer performativen Realität, die sich durch die kontinuierlichen Interaktionen zwischen menschlichen und nicht menschlichen Akteuren konstituiert. In diesem Sinne verknüpfen sich Goethes Reflexionen und die Idee der Tat mit Latours Konzept der verteilten *Agency*. Die ANT geht über diese Intuition hinaus, indem sie zeigt, wie auch materielle Objekte und Technologien aktiv an der Konstruktion von Sinn und Realität teilnehmen können.

Ein konkretes Beispiel aus der ANT ist die Beziehung zwischen einem/r WissenschaftlerIn und seinen/ihren Laborinstrumenten. Diese Instrumente sind keine passiven Gegenstände, sondern beteiligen sich an der Handlung, indem sie neue Möglichkeiten der Erkenntnis schaffen. Dieser Ansatz spiegelt sich in der Philosophie wider, wonach die Produktion von Wahrheit nicht allein ein Akt des Subjekts (des Ichs) ist, sondern das Ergebnis eines wechselseitigen generativen Prozesses zwischen Subjekten, Instrumenten und Regeln.[31]

Durch die Untersuchung dieser Dynamiken – von der individuellen Tat bis hin zur generativen Handlung in Netzwerken – wird es möglich, die komplexen Prozesse der wissenschaftlichen Wissensproduktion besser zu verstehen

30 Latour, *Science in action: how to follow scientists and engineers through society*; Latour, *Reassembling the Social: An Introduction to Actor-Network-Theory*; Latour, *We have never been modern*; Latour, *Der Berliner Schlüssel. Erkundungen eines Liebhabers der Wissenschaften.*

31 Latour und Woolgar, *Laboratory Life: The Construction of Scientific Facts.*

und zu analysieren. Die Tat bildet damit nicht nur den Anfang, sondern auch den Kern einer Theorie, die *Praxis und Poiesis* im modernen wissenschaftlichen Diskurs neu interpretiert.

In den folgenden Kapiteln werde ich eine Genese und eine philosophische Grundlage für diesen Ansatz entwickeln, indem ich die vielschichtige Beziehung zwischen Handlung, Anfang und Subjekt darstelle.

## Jenseits des «Gipsabdrucks»: Philosophiegeschichtsschreibung und das Philosophieren

Wie zu Beginn dieser Einführung erläutert, ist dieses Buch ein Beitrag zur Geschichte der Philosophie, insbesondere zu dem, was heute als Geschichte der Wissenschafts- und Technikphilosophie bezeichnet wird. Einige Klarstellungen zu meinem methodischen Ansatz in der Geschichte der Philosophie sind notwendig. Die behandelten AutorInnen und Themen dieses Buches erheben nicht den Anspruch, eine erschöpfende Darstellung der historisch-philosophischen Debatte über die Begriffe des Aktes, des Anfangs und der Tatsache der Erkenntnis zu bieten. Doch gerade in ihrer Teilhaftigkeit bieten die auf den folgenden Seiten analysierten Themen und AutorInnen eine kohärente Sichtweise auf einen möglichen philosophischen Ansatz, der die Analyse der Handlungen des Subjekts und deren mögliche Gültigkeit in den Mittelpunkt stellt. Diese Wahl entspricht meiner umfassenden Überzeugung darüber, was geschichtliche Arbeit (und somit auch geschichtsphilosophische Arbeit) ausmacht. Die Aufgabe der historischen Disziplinen besteht nicht in der bloßen Darstellung von Ereignissen im Sinne des oft zitierten Ranke-Diktums, «wie es eigentlich gewesen» ist. Vielmehr geht es darum, ein Erzählprinzip zu bieten, durch das das historische *Datum* zur *Tatsache* wird. In diesem methodologischen Kontext arbeitet der/die PhilosophIn, der/die die Geschichte der Philosophie schreibt, notwendigerweise sowohl mit Daten als auch mit Prinzipien. Bereits Immanuel Kant erkannte diesen Unterschied: «Die historische Erkenntnis ist *cognitio ex datis*, die rationale aber *cognitio ex principiis.*»[32] Wer eine *cognitio ex datis* als zentral in der philosophischen historiografischen Rekonstruktion betrachtet, hat nicht klar erfasst, mit welcher Disziplin er es zu tun hat. Kant fährt fort:

> «Daher hat [der Gelehrte], welcher ein System der Philosophie z.B. das *Wolfische*, eigentlich *gelernt* hat, ob er gleich alle Grundsätze, Erklärungen und Beweise, zusamt der Eintheilung des ganzen Lehrgebäudes im Kopf hätte und alles an den Fingern abzählen könnte, doch keine andere als vollständige *historische* Erkentniß der wolfischen Philoso-

32 Kant, *Kritik der reinen Vernunft*, A 836.

> phie; er weis und urtheilt nur so viel, als ihm gegeben war. [...] Er hat gut gefaßt und behalten, d.i. gelernet und ist ein Gipsabdruck von einem lebenden Menschen.»[33]

Die gesamte Geschichte der Philosophie kann als eine Reihe von Versuchen gelesen werden, diesem «Gipsabdruck» des Menschen zu entkommen. Mein Ansatz ist genau Teil dieser Versuche, die dynamische Funktionalität zu zeigen, die dem zusammenhängenden, aber notwendigen Bild des Menschen zugrunde liegt.[34]

Aus diesem Grund werde ich auf den folgenden Seiten einige methodologische Prinzipien anwenden, die der amerikanische Philosoph Daniel Dennett (1942–2024) hervorhebt, wenn er schreibt:

> «I think I have learned a lot from Husserl [und in meinem Fall von allen PhilosophInnen, die ich auf den nächsten Seiten analysieren werde], but some distinguished Husserl scholars think my reading is irreparably ill-informed. I don't care. I turned to Husserl to figure out how the mind works and got some valuable help from that reading; if Husserl himself would be aghast at my construal, too bad for Husserl. I am happy to give him credit, but if Husserlians want to reject my gift, they are welcome to do so.»[35]

Schließlich plädiere ich in diesem Buch für einen gemäßigten Historismus, der mir (im Anschluss an Herbart und andere[36]) dazu dient, philosophische Probleme in der historisch-systematischen Dimension zu erfassen, um die Aufgabe der Philosophie in den zeitgenössischen Zusammenhängen besser zu verstehen. Ich stimme daher mit Herbarts methodischem Diktum überein: «Die Geschichte der Philosophie ist unter allen Geschichten die langweiligste, wenn sie nicht benutzt wird zum neuen Philosophiren.»[37] Dieses Buch ist daher der Versuch, dieses Diktum in die Tat umzusetzen. Es ist somit ratsam, einen Schritt zurückzutreten, um besser vorwärts springen zu können.

Um das Verhältnis zwischen unseren Handlungen und der Möglichkeit, die Welt mit Gewissheit zu erkennen und zu verstehen, zu verstehen, muss man jedoch von David Hume und Immanuel Kant ausgehen. Im ersten Kapitel untersuche ich, wie der schottische Philosoph die Unmöglichkeit zeigt, unser Wissen auf den Realismus zu gründen, und dabei den Weg zum Skeptizismus öffnet; der deutsche Philosoph nimmt die Herausforderung von Hume an und

---

33 Kant, A 836/A 837. Hervorhebungen im Original.

34 Vgl. Tamborini, «Buchbesprechung: Massimo Mugnai: Come NON insegnare filosofia. Mailand: Raffaele Cortina Editore, 2023».

35 Dennett, *I've Been Thinking*, 419.

36 Siehe z.B. Hartung, «The gold of knowledge – Nicolai Hartmann and historiography of philosophy»; Hartung und Zanfi, *Die Philosophiegeschichtsschreibung im Ersten Weltkrieg*; Preti, *Saggi filosofici*; Pettoello, «Questioni di stile e d'altro ancora».

37 Herbart, *Sämtliche Werke in chronologischer Reihenfolge*, VII:118.

zeigt, wie unser Wissen auf der Korrelation zwischen Subjekt und Objekt und der freien, konstruktiven Handlungsfähigkeit der transzendentalen Subjektivität beruht.

Im zweiten Kapitel erforsche ich, wie der Anfang der Philosophiekritik nicht als bloßes statisches Faktum zu verstehen sei. Natorp, in seiner philosophischen Reflexion, begreift den Ausgangspunkt der Philosophie nicht als isoliertes Ereignis, sondern als das «Faktum der Produktion von Wissen», das Pluralität und Dynamik aufweist. Fakten sind keine statischen Entitäten, sondern ständig im Wandel begriffen, und um vollständig verstanden zu werden, müssen sie von einer genetischen und historischen Untersuchung begleitet werden, die ihrer Entwicklung folgt. Die Produktion dieser sich wandelnden Fakten ist durch die Handlung des Subjekts möglich, das die sich verändernden Daten durch seine Tätigkeit stabilisiert. Doch auch das Prinzip der Korrelation muss als grundlegende Basis für die Stabilität des Wissens anerkannt werden. In dieser Perspektive vertritt Natorp die Ansicht, dass sich die Philosophie zu einer Kulturphilosophie entwickeln muss, da es die menschliche Handlung ist, die die Kultur selbst erschafft und definiert. Die Philosophie muss demnach den Dynamismus des Lebens widerspiegeln, jede starre Trennung zwischen Wissenschaft, Moral, Kunst und Religion ablehnen und die Kontinuität zwischen diesen Bereichen als integralen Bestandteil der menschlichen Kultur anerkennen.

Im dritten Kapitel analysiere ich Husserls Suche nach einem neuen Anfang. Husserls Überlegungen zur Notwendigkeit eines neuen Anfangs unterstreichen, dass der Wahrnehmungsprozess kein statischer Punkt ist, sondern eine dynamische und kontinuierliche Tätigkeit, bei der das Subjekt die Bestimmungen des Objekts bereichert und expliziert, ohne je zu einer endgültigen Schlussfolgerung zu gelangen. In diesem Kontext ist Wahrnehmung ein intentionaler Akt, bei dem das Subjekt, motiviert durch die Objekte, Verbindungen und Beziehungen schafft, die über eine bloße passive Beobachtung hinausgehen. Darüber hinaus ist Wahrnehmung kein abgeschlossener Anfang, sondern eine kontinuierliche, relationale Bewegung, bei der Substrate und Bestimmungen miteinander interagieren, sich unaufhörlich verändern und neue Bedeutungen hervorrufen.

Im vierten Kapitel befasse ich mich mit der Interpretation des Verhältnisses von Anfang und Tat in Cassirers Philosophie. Laut Cassirer kann Wissenschaft nicht nur als ein System von Gesetzen und Beschreibungen betrachtet werden, sondern als eine kreative und dynamische menschliche Tätigkeit, die von der Freiheit und den Handlungen des Subjekts bei der Schaffung von Erkenntnisformen abhängt. In diesem Zusammenhang stellt Cassirer die traditionelle Sichtweise infrage, die das Subjekt vom Objekt trennt, und behauptet, dass Beobachtung kein passiver Akt ist, sondern eine aktive Interaktion mit der Welt. Es gibt keine völlig «äußere» Realität, die wir passiv beobachten; unser Wissen ist immer durch unsere Handlungen vermittelt. Folglich ist Wissenschaft kein Set statischer Wahrheiten, sondern ein kontinuierlicher Prozess, der sich im Laufe der

Zeit entwickelt und nicht nur durch objektive Kategorien verstanden werden kann, also als ein «Tun» zu begreifen ist, das sich entwickelt und eine Betrachtung der Bedingungen, Werte und Ziele erfordert, die es begleiten.

Im fünften Kapitel setze ich mich mit Wittgensteins Sprachphilosophie, wie sie in den *Philosophischen Untersuchungen* ausgedrückt wird, auseinander: Diese basiert auf der Analyse von Sprachspielen, um die Bedeutung von Begriffen durch ihre konkrete Anwendung in verschiedenen Kontexten zu verstehen. Wittgenstein betont, dass unsere Grammatik keine klare Sicht bietet und dass die Bedeutung von Wörtern nur durch eine «klare Darstellung» erfasst werden kann, die die unterschiedlichen Anwendungsmöglichkeiten eines Begriffs berücksichtigt. Dieser Ansatz liefert auch wertvolle Einsichten für die Philosophie der Wissenschaft und Technologie, indem er sich auf die tatsächlichen Handlungen von WissenschaftlerInnen konzentriert und hilft, eine «philosophische Grammatik der wissenschaftlichen Praxis» zu entwickeln, die es ermöglicht, die historische und soziale Komplexität wissenschaftlicher und technologischer Praktiken zu verstehen. In diesem Zusammenhang legt Wittgenstein besonderen Wert auf die Handlung als Fundament des Wissens und vertritt die Auffassung, dass nicht logische Konzepte, sondern konkrete Handlungen unsere Beziehung zur Welt bestimmen und die Grundlage für die Konstruktion von Gewissheiten und Bedeutungen bilden. Darüber hinaus betont er die Bedeutung des Kontextes, da jede Handlung in einem spezifischen Kontext eingebettet ist, der ihre Ausführung ermöglicht. Sprachspiele und kulturelle Praktiken basieren auf Handlungen, die vom Kontext abhängen, in dem sie stattfinden, und die situierte Grammatik der Aktivitäten erlaubt es zu verstehen, wie Praktiken und Konzepte innerhalb einer Kultur evolvieren und miteinander interagieren.

Im Ausblick reflektiere ich über die Beziehung zwischen den Konzepten der Handlung, des Anfangs und der Korrelation sowie über das Problem der philosophischen Methode.

Jedes Kapitel beginnt mit einem Schlüsselsatz des zentralen Autors des Kapitels, der sich ausdrücklich auf Goethe bezieht. Wie wir sehen werden, behält der Ausruf von Goethes Faust seine Gültigkeit: «Im Anfang war die Tat.»

# 2. Tat und Handlungen: Kant und der Versuch, dem Theater der Subjektivität zu entkommen

«Allein die Spontaneität unseres Denkens erfordert es, daß dieses Mannigfaltige zuerst auf gewisse Weise durchgegangen, aufgenommen, und verbunden werde, um daraus eine Erkenntnis zu machen. Diese Handlung nenne ich Synthesis.

Ich verstehe aber unter *Synthesis* in der allgemeinsten Bedeutung die Handlung, verschiedene Vorstellungen zueinander hinzuzutun, und ihre Mannigfaltigkeit in einer Erkenntnis zu begreifen.»

Immanuel Kant, *Kritik der reinen Vernunft*, B 102–103.

Um das Verhältnis zwischen Handlung, Erkenntnisobjekt und dem Beginn des Prozesses der Vereinigung zu verstehen, muss man unweigerlich zu einem der zentralen Schauplätze der philosophischen Debatte zurückkehren: zum skeptischen Argument, das vom schottischen Philosophen David Hume (1711–1776) vorgebracht wurde, und zu der von Kant vorgeschlagenen Lösung dieses Arguments.

In diesem Kapitel werde ich zunächst den zentralen Punkt untersuchen, an dem sich jede Form von Realismus – sei es naiver oder reflektierter – und jeder Ansatz, der auf einer ontologischen Fundierung der Erkenntnistheorie beruht, als problematisch und möglicherweise auch als gescheitert erweisen. Dieser Punkt ist Humes Feststellung, dass wir, wenn wir unsere Erfahrung und die damit verbundenen Erlebnisse analysieren, in ihnen keine Struktur finden können, die uns sicher und notwendig dazu berechtigt, vom gegenwärtigen Zeitpunkt auf den nächsten zu schließen. Mit anderen Worten: Aus der Tatsache, dass wir bisher jeden Tag den Sonnenaufgang beobachtet haben, folgt keine Notwendigkeit, dass die Sonne auch morgen aufgehen wird. Notwendigkeit und Universalität sind keine empirischen Daten und können auch nicht durch Eindrücke oder Ideen der äußeren Welt vermittelt werden. Wir bleiben eingeschlossen im Theater der Subjektivität, im Theater unserer subjektiven Akte. Der Anfang unserer Erfahrung, der zugleich das Ende des Erkenntnisprozesses ist, liegt in unseren subjektiven Handlungen.

Auf dieses Problem antworte ich anschließend, indem ich Kants Lösung vorstelle, die in der Würdigung der Handlung und der Spontaneität besteht. Kants Versuch, das Theater der Subjektivität zu verlassen, ist jedoch nur ein partieller Ausweg. Einerseits zeigt Kant, dass das Subjekt die Quelle notwendiger und universaler Strukturen ist, die in der Empirie nicht auffindbar sind. Damit weist er nach, dass es für die Möglichkeit, überhaupt ein Objekt der Erkenntnis zu haben, eine Synthese zwischen den verschiedenen Erkenntnisquellen – nämlich der Sinnlichkeit und dem Verstand – braucht. Diese Synthese wird durch die Spontaneität des Subjekts vollzogen, sie ist ein Akt seiner Spontaneität.

Andererseits bleibt das Subjekt, wenn es vom allgemeinen Objekt der Erkenntnis zu einem konkreten, besonderen Objekt übergeht, in seinen Strukturen gefangen. Es gelingt ihm nicht, die Fülle der empirischen Gegebenheit in ihrer Beziehung zur Tätigkeit des Subjekts sichtbar zu machen. Diese Schwierigkeit in Kants Ansatz bildet die Grundlage der Reflexionen von Goethe und Fichte, mit denen ich dieses Buch eingeleitet habe. Wie ich in den folgenden Kapiteln zeigen werde, wird genau diese Problematik den Weg für die Reform des Kantianismus in der zweiten Hälfte des 19. Jahrhunderts und für neue Konzepte von Handlung und Akt ebnen. Doch der Reihe nach: Beginnen wir mit Humes Argumenten.

## Tätigkeit ohne Zukunft

Beginnen wir mit der Analyse, wie das Verhältnis zwischen Subjekt und Objekt philosophisch untersucht wurde, um dessen Bedingungen der Möglichkeit und die damit verbundene Grundlage zu bestimmen. Ihr Ausgangspunkt ist zweifellos *A Treatise of Human Nature: Being an Attempt to Introduce the Experimental Method of Reasoning into Moral Subjects* (1739–40). David Hume bietet in diesem Werk eine empirische Phänomenologie der Erfahrung. Er beschreibt, wie sich alle «Perzeptionen des menschlichen Geistes»[38] entwickeln und unterscheiden. Diese teilt er in zwei Klassen: «*Eindrücke* und *Vorstellungen*»[39], und weiter unter den Eindrücken in zwei Kategorien: «*Sinneswahrnehmung* und Eindrücke der *Selbstwahrnehmung*»[40]. Hume erklärt:

> «Die erstere Art entsteht in der Seele ursprünglich aus unbekannten Ursachen [...] Andererseits müssen wir, da die Eindrücke der Selbstwahrnehmung, die Affekte, Begierden und Gefühlserregungen, die hauptsächlich verdienen, daß wir ihnen unsere Aufmerksamkeit zuwenden, meist in Vorstellungen ihren Grund haben, die Methode, welche uns oben auf den ersten Blick als die natürlichste erschien, umkehren und behufs Erklärung

38 Hume, *Ein Traktat über die menschliche Natur*, 11.

39 Hume, 11.

40 Hume, 18.

der Natur und Prinzipien des menschlichen Geistes von den Vorstellungen Spezielleres berichten, ehe wir zu den Eindrücken übergehen.»[41]

Diese Phänomenologie unterscheidet nicht nur die Modalitäten, wie Erfahrung stattfindet, sondern setzt auch eine klare methodologische Grenze: Sinnliche Eindrücke müssen durch die Anatomie und die speziellen Wissenschaften untersucht werden, nicht durch eine Philosophie der Erfahrung. Will man über die durch sie vorgeschlagenen Daten reflektieren, muss man zunächst den Bereich der Untersuchung wechseln und sich auf die Ebene der wissenschaftlichen Entdeckung begeben. Erst in einem zweiten Moment kann eine Beziehung zwischen dieser Ebene und der Strukturierung der Erfahrung hergestellt werden.

Humes empirische Phänomenologie der Erfahrung geht von einer Feststellung von äußerster Bedeutung aus: Das Erleben ist eine Tätigkeit, und als solche hat es ein Subjekt, das es ausübt. In der Einleitung zum *Treatise of Human Nature* erklärt Hume:

> «Alle Wissenschaften haben offenbar mehr oder weniger Bezug zur menschlichen Natur. Wie sehr sie sich auch von ihr zu entfernen scheinen, alle kommen sie auf dem einen oder anderen Wege wieder zu ihr zurück.»[42]

Für das Studium der menschlichen Natur ist die einzige solide Grundlage die Analyse der Erfahrung.

Das Forschungsobjekt ist für Hume die menschliche Natur, da sie in jeder unserer Tätigkeiten, sowohl im Leben als auch in den wissenschaftlichen Objektivierungen, stets am Werk ist: Es ist Descartes' Ego cogito, das von jeder metaphysisch-substanziellen Verbindung befreit ist und das als Korrelat aller Aktivität steht. Die menschliche Natur ist das erste Element, das sich im Erfahrungsfeld findet, und hat darin ihre autonome Fülle. Sie wirkt jedoch auch im Feld der wissenschaftlichen Entdeckung in der unaufhörlichen Einheit in der Differenz der wissenschaftlichen Bereiche. «Das Ich *denke*», wird Kant bekanntermaßen sagen, «muß alle meine Vorstellungen begleiten *können*»,[43] das Subjekt jedes Urteils ist das *Ich denke:* ich denke, dass.

Hume, in seiner empirischen Untersuchung, verbietet paradoxerweise vom eigentlichen Gegenstand der Erkenntnis zu sprechen, nämlich von der Welt. In der Beschreibung eines Objekts darf man den Theaterraum der Subjektivität nicht verlassen: «Der Geist ist eine Art Theater, auf dem verschiedene Perzeptionen nacheinander auftreten.»[44] Hume bedient sich des ockhamschen Rasiermessers, also des methodologischen Prinzips, die einfachste Lösung unter meh-

41 Hume, 19.
42 Hume, 4.
43 Kant, *Kritik der reinen Vernunft*, B 131–132.
44 Hume, *Ein Traktat über die menschliche Natur*, 309.

reren gleichwertigen Lösungen eines Problems zu wählen: Da die Außenwelt rational nicht bewiesen werden kann, sollte man einfach nicht darüber sprechen. Sie muss als eine Unbestimmte x genommen werden, die unsere Sinnesorgane anregt und sinnliche Eindrücke erzeugt; diese werden dann zu einfachen und komplexen Ideen.

Die Aufgabe einer gesunden Philosophie besteht lediglich darin, die Verbindungen, die assoziativen Zusammenhänge, einfache und komplexe, zwischen den Ideen zu beschreiben. Die Ursachen und physiologischen Entwicklungen – es ist wichtig, dies zu betonen, um zu verdeutlichen, wie sehr sich eine Beschreibung der Erfahrungsstruktur von einer physiologischen Wissenschaft unterscheidet – der sinnlichen Eindrücke gehören nicht zu den Aufgaben der Philosophie:

> «Es gibt ja eben keine wichtigere Forderung für einen wahren Philosophen als die, daß er das ungezügelte Verlangen nach Ursachen zu forschen unterdrückt und, wenn er eine Lehre auf eine genügende Anzahl von Beobachtungen aufgebaut hat, sich damit zufrieden gibt, sobald er sieht, daß eine weitere Untersuchung ihn in dunkele und ungewisse Spekulationen führen würde.»[45]

Die erfahrungsbasierte Tätigkeit der menschlichen Natur lässt sich also in Eindrücke und Vorstellungen unterteilen. Die Aufgabe der Philosophie besteht darin zu beschreiben, wie diese miteinander verbunden sind, während der/die PhilosophIn das Verlangen, die Ursachen zu erforschen, zügelt – also den Impuls, Probleme mit einer Sprache und einem Wissen zu behandeln, die außerhalb seines/ihres Kompetenzbereichs liegen. Intellekt, Moral und Leidenschaften können verstanden werden, ohne den immanenten Sprachgebrauch der Wahrnehmungen und Relationen des menschlichen Geistes zu verlassen, da sie erfahrbare Phänomene sind, die sich in der Welt zeigen: Paradoxerweise können wir in der Forschung des Empiristen Hume zur Welt selbst gelangen, weil sie keine durch Beweisbarkeit gegebene Stabilität aufweist.

Die Welt kann nicht untersucht werden, und mit ihr fällt auch die Möglichkeit einer zeitlichen Stabilität unserer Urteile. Unser Bild der Welt verliert den Halt eines festen Fundaments. Wir wissen mit Sicherheit nur das, was wir sehen: Wir haben Gewissheit nur über die sinnlichen Eindrücke, aber diese sind ihrem Wesen nach unvollständig – punktuelle Ereignisse, die voneinander isoliert auftreten.

Hume fragt sich jedoch: Wie ist es möglich, von einzelnen Eindrücken zu einer Struktur zu gelangen? Anders gesagt: Wie kommen wir von der Gewissheit des unmittelbaren Eindrucks dazu zu sagen, dass wir ein Objekt wahrnehmen, zum Beispiel ein Buch? Die Antwort muss Humes methodologischem Prinzip folgen: im Sprachgebrauch der Immanenz zu bleiben.

45 Hume, 24.

Dieser Wahrnehmungsanspruch basiert auf einem syntaktischen Prinzip, das von der Einbildungskraft ausgeführt wird, welche die Eindrücke (Buchstaben) frei miteinander verbindet, um Objekte (Wörter) zu bilden. Die syntaktische Arbeit der Einbildungskraft ist jedoch nicht regellos, sondern basiert auf «einige[n] allgemeine[n] Prinzipien [...], welche [sie] befähigen, immer und überall in gewissem Maße mit sich selbst in Übereinstimmung zu erscheinen».[46]

> «Der Faktoren nun, aus denen eine solche Assoziation entsteht, und durch welche der Geist in solcher Weise von einer Vorstellung zu einer anderen hingeleitet wird, gibt es drei, nämlich *Ähnlichkeit*, unmittelbarer zeitlicher und räumlicher *Zusammenhang*, und *Ursache und Wirkung*.»[47]

Die Einbildungskraft kann auch dann fortfahren, wenn das Objekt fehlt, wie eine Galeere, die durch die Ruder in Bewegung gesetzt wurde und ohne weiteren Antrieb weitergleitet. Das Ergebnis dieses Navigierens ist jedoch «die Fiktion ihrer dauernden Existenz; auch dieser Gedanke ist ja, ebensogut wie jener Gedanke der Identität, ein irrtümlicher, wie von allen Philosophen zugegeben wird»,[48] und das, weil die bloße Wiederholung und Aneinanderreihung einzelner Beobachtungen einem Einzelnen keine neue logische Ordnung verleihen kann:

> «Die bloße Anhäufung von Elementen vermag diesen keine völlig veränderte begriffliche Bedeutung zu geben; sie vermag nur die Bestimmungen, die im Element selbst bereits gesetzt sind, zu größerer Deutlichkeit zu erheben. Schon im einzelnen Fall muß ein Moment verborgen liegen, das ihn über seine Begrenzung und Isolierung hinaushebt.»[49]

Die fortdauernde Existenz ist eine Fiktion, sie vermag den Moment des hic et nunc der Zeitlichkeit nicht zu überschreiten; das Urteil ist nur über die Gegenwart sicher, nicht jedoch über die Zukunft. Wie bemerkt wurde: «Die Tugend, die zugleich das Laster einer empiristischen Philosophie ist, liegt darin: In der Gegenwart ist die Zukunft nicht sichtbar – in der Gegenwart scheint es keine Zukunft zu geben.»[50]

Das Verbot, vom Gegenstand der Erkenntnis, also von der Welt, zu sprechen, sowie die Instabilität des zukünftigen Wissens, das auf ein Gefüge psychologisch assoziierter Daten mit immanenten Gesetzen der Ideenverbindungen reduziert ist, rief auch die Kritik anderer Philosophen hervor. Den deutschen Philosophen Edmund Husserl bewegte es dazu, Humes Philosophie der Erfah-

46 Hume, 21.

47 Hume, 22. Hervorhebung im Original.

48 Hume, 261.

49 Cassirer, *Substanzbegriff und Funktionsbegriff; Untersuchungen über die Grundfragen der Erkenntniskritik*, 265–266.

50 Chiodo, *La rappresentazione*, 31. Meine Übersetzung.

rung als einen «Bankrott der objektiven Erkenntnis»[51] zu betrachten. «Hume endet im Grunde in einen Solipsismus. Denn wie sollen Schlüsse von Daten auf Daten die immanente Sphäre überschreiten können?»[52] Dieser Grenzübertritt ist nicht möglich. Der Anfang der erkenntnistheoretischen Tätigkeit des Subjekts markiert gleichzeitig ihren Endpunkt.

Es gibt jedoch viele Ansatzpunkte, die dazu anregen, das Verhältnis zwischen Anfang und Akt der Erkenntnis neu zu bestimmen und überzeugende Argumente dafür zu liefern, dass wir in der Lage sind, über das sinnlich Gegebene hinauszugehen und somit stabiles Wissen zu generieren.

Hume hebt insbesondere den ersten Pol hervor, der jede mögliche Erfahrung und Erkenntnis der Welt fest begründet: die Tätigkeit eines Subjekts. Eine Philosophie, die die Gültigkeit und den Gebrauch universaler Prinzipien verstehen möchte – wie etwa das Kausalitätsprinzip, das im Erfahrungsbereich selbst nicht auffindbar ist –, darf nicht länger darauf verzichten, den Akten der Subjektivität angemessene Beachtung zu schenken.

Dank der Skepsis des schottischen Philosophen muss die Subjektivität nicht mehr als statische Substanz betrachtet werden, sondern vielmehr als Tätigkeit: Im Anfang war die Tat. Hume verbindet die Idee der Aktion mit der wahrnehmenden und erfahrenden Tätigkeit des Menschen, die nicht nur als konkrete Handlung, sondern auch als mentaler Vorgang und erkenntnistheoretischer Prozess verstanden wird.

Die Tat ist dabei nicht nur ein anfänglicher Akt, sondern ein ständiger Prozess der Interpretation und Organisation der Erfahrung, den das Subjekt durch sensorische und reflektierende Tätigkeit vollzieht.

Auf diese Weise ist die Erfahrung ein aktiver Prozess, der sich bei Hume stets durch den Filter des Geistes entwickelt, ohne metaphysische Schlussfolgerungen oder Spekulationen über die äußere Realität zuzulassen.

Im empiristischen Ansatz von Hume ist die erkenntnistheoretische Tätigkeit auf die Beschreibung der mentalen Assoziationen beschränkt, ohne auf eine objektive oder zeitliche Stabilität der äußeren Welt zuzugreifen, wodurch das Wissen selbst instabil wird und sich auf den gegenwärtigen Moment konzentriert. Aus dieser Perspektive wird der Akt der Erkenntnis nicht als absoluter Ursprungsakt, sondern als kontinuierlich wahrnehmende Bewegung neu definiert, die ihre Grenze in der menschlichen Natur selbst findet und im Theater der Subjektivität sowie in der Sphäre der Impressionen und Ideen verbleibt.

Zusammengefasst betont Hume erstens die innere, subjektive und begrenzte Erkenntnistätigkeit und definiert den Beginn jeder Erkenntnis nicht in einem

51 Husserl, *Die Krisis der europäischen Wissenschaften und die transzendentale Phänomenologie. Eine Einleitung in die phänomenologische Philosophie*, 75.

52 Husserl, 75.

objektiven Verständnis der Realität, sondern in der kontinuierlichen internen Bearbeitung der Erfahrung.

Zweitens zeigt uns das *Treatise of Human Nature*, wie Erfahrung und Wissen immer durch eine Assoziation vermittelt werden: Wir nehmen immer nur einen Teil, nie das ganze Objekt wahr, und dieser kann andere Objekte hervorrufen, und so weiter. Zu erfahren bedeutet, synthetische Gesamtheiten zu bilden, auch wenn Hume und später der Empirismus die Bildung dieser Gesamtheiten nicht präzise und aufmerksam analysieren.

Drittens warnt uns das Ergebnis der Philosophie von Hume, dass, wenn wir einen «Bankrott der *objektiven Erkenntnis*»[53] vermeiden wollen, wir das Objekt nicht auflösen oder verbieten sollten, darüber zu sprechen, sondern einen Schritt über die immanente Sphäre hinausgehen und untersuchen müssen, wie die Dynamik des gegebenen Objekts sich im wahrnehmenden Akt transformiert. Wie der deutsche Philosoph Ernst Cassirer (1874–1945) schreibt, indem er sich auf die kantianische Lösung des Problems bezieht, die ich auf den kommenden Seiten analysieren werde:

> «Der logische Prozeß der Integration aber wäre nicht möglich, wenn nicht auch hier im Element bereits die Beziehung auf das *Ganze* läge, d. h., wenn nicht der wechselnde Inhalt der Erfahrung, so zersplittert und vereinzelt er sich scheinbar darbieten mag, doch stets den Hinweis auf ihre gleichbleibende gesetzliche Form in sich schlösse.»[54]

## Urteil und Objektivität: Die logische Revolution des Transzendentalen

Wie bekannt, wurde Immanuel Kant (1724–1804) aus seinem «dogmatischen Schlummer»[55] gerade von David Hume erweckt. Tatsächlich versteht Kant die Schlussfolgerungen von Hume so gut, dass er auf der einen Seite die Möglichkeit einer Vereinigung im Allgemeinen auf der Aktivität des «Ich denke» gründet:

> «Nun können keine Erkenntnisse in uns statt finden, keine Verknüpfung und Einheit derselben unter einander, ohne diejenige Einheit des Bewußtseins, welche vor allen Datis der Anschauungen vorhergeht, und, worauf in Beziehung, alle Vorstellung von Gegenständen allein möglich ist. Dieses reine ursprüngliche, unwandelbare Bewußtsein will ich nun die *transzendentale Apperzeption* nennen.»[56]

53 Husserl, 75.

54 Cassirer, *Substanzbegriff und Funktionsbegriff; Untersuchungen über die Grundfragen der Erkenntniskritik*, 266.

55 Kant, *Prolegomena zu einer jeden künftigen Metaphysik, die als Wissenschaft wird auftreten können*, 9.

56 Kant, *Kritik der reinen Vernunft*, A 107. Hervorhebungen im Original.

Auf der anderen Seite sucht er nach synthetischen Urteilen a priori, also Urteilen, die unser Wissen universell und notwendig erweitern und nicht aus der Erfahrung hervorgehen.

Doch lassen Sie uns erneut der Reihe nach vorgehen. Es ist notwendig, die theoretischen Verknüpfungen der kantischen Doktrin aufzuzeigen. Ein erster Punkt muss hervorgehoben werden: Die *Kritik der reinen Vernunft* befasst sich mit den Bedingungen der Möglichkeit eines Objekts im Allgemeinen. Das Objekt der Erkenntnis kann als eine Unbestimmte x betrachtet werden, und Kant versucht, die Bedingungen für seine Erkennbarkeit zu skizzieren: Der Kern des Systems von Kant ist in seiner Erkenntnistheorie zu suchen, dass die Tatsache der Wissenschaft und ihre Möglichkeit den Anfang und das Ende der kantischen Problemstellung ausmachte.

Das Urteil, als Ausdruck der Stabilität, artikuliert sich dann in einem organisierten Zusammenhang und produziert so mögliche wissenschaftliche Disziplinen, die kritisch untersucht werden müssen. Der Ausgangspunkt dieser synthetischen Tätigkeit ist das Faktum der Wissenschaften: Nur wenn man auf die gegebenen Strukturen der Wissenschaft blickt, hat sich dann der sichere Weg des Wissens eröffnet. Um zu verstehen, was Kant damit meint – und es sei bemerkt, dass dies ein zentraler methodologischer Punkt ist, der die westliche Reflexion bis in die Gegenwart prägt –, reicht es aus, den Anfang der *Einleitung* zur zweiten Auflage der *Kritik der reinen Vernunft* zu lesen: «Ob die Bearbeitung der Erkenntnisse, die zum Vernunftgeschäft gehören, den sicheren Gang einer Wissenschaft gehe oder nicht, das lässt sich bald aus dem Erfolg beurteilen.»[57]

Nur wenn man auf die Ergebnisse blickt, etwa auf die gedruckten Hand- und Lehrbücher, die die Hauptergebnisse einer Disziplin sammeln und in denen Wissen vermittelt wird, kann man den Erkenntnisstand einer möglichen Disziplin bewerten, die als Wissenschaft antreten möchte. Der Ausgangspunkt ist also a posteriori: in dem, was gegeben ist. Von hier aus stellt sich die philosophische Frage nach den notwendigen Bedingungen für diese Wissensproduktion, die zu möglichen erklärenden Erfolgen führt.

Die kantische Reflexion beginnt also mit dem Problem des Urteils: Wenn Erfahrung durch Assoziation entsteht, wie Hume uns lehrte, dann braucht sie, um zu Wissen zu werden und als Material für zukünftige wissenschaftliche Handbücher zu dienen, eine kommunizierbare und stabile Ebene. Das ist der Grundplan für die Bildung des Urteils, der sich in all seinen Formen entfaltet. Der berühmte Anfang der *Einleitung* zur *Kritik der reinen Vernunft* muss aus dieser Perspektive gelesen werden – es lohnt sich, diese Passage vollständig zu zitieren:

57 Kant, B VII.

> «Daß alle unsere Erkenntnis mit der Erfahrung anfange, daran ist gar kein Zweifel; denn wodurch sollte das Erkenntnisvermögen sonst zur Ausübung erweckt werden, geschähe es nicht durch Gegenstände, die unsere Sinne rühren und teils von selbst Vorstellungen bewirken, teils unsere Verstandestätigkeit in Bewegung bringen, diese zu vergleichen, sie zu verknüpfen oder zu trennen, und so den rohen Stoff sinnlicher Eindrücke zu einer Erkenntnis der Gegenstände zu verarbeiten, die Erfahrung heißt? Der *Zeit nach* geht also keine Erkenntnis in uns vor der Erfahrung vorher, und mit dieser fängt alle an. Wenn aber gleich alle unsere Erkenntnis mit der Erfahrung anhebt, so entspringt sie darum doch nicht eben alle aus der Erfahrung. Denn es könnte wohl sein, daß selbst unsere Erfahrungserkenntnis ein Zusammengesetztes aus dem sei, was wir durch Eindrücke empfangen, und dem, was unser eigenes Erkenntnisvermögen (durch sinnliche Eindrücke bloß veranlaßt) aus sich selbst hergibt, welchen Zusatz wir von jenem Grundstoffe nicht eher unterscheiden, als bis lange Übung uns darauf aufmerksam und zur Absonderung desselben geschickt gemacht hat.»[58]

Die Erkenntnis muss also durch eine repräsentative Aktivität gehen, die die Eindrücke, die Hume hervorgehoben hat, vergleicht, vereint und trennt, um ihnen Stabilität und Ordnung zu verleihen: Die Erfahrung sei dann ein Zusammengesetztes (und um diese Tatsache zu erkennen, braucht man lange Übung).

Das grundlegende Problem der Erfahrungstheorie des schottischen Philosophen ist der Verlust von Stabilität und Notwendigkeit, sobald man das «hier und jetzt» verlässt und sich der Zukunft zuwendet, denn im gewohnheitsmäßigen Mosaik von Hume gibt es keine Notwendigkeit. Kant antwortet auf dieses Bedürfnis, indem er betont, wie Sinneseindrücke durch die ästhetische Anschauung hindurchgehen und so unsere intellektuelle Fähigkeit zur Reflexion anregen. Es geht nicht darum, Schritt für Schritt dem zu folgen, was wir sehen, sondern darum, uns auf den Gegenstand zu beziehen: Wir müssen uns mit Prinzipien ausstatten, die es uns ermöglichen, Eindrücke zu vergleichen, zu vereinen und zu trennen. Anders gesagt, man muss eine aktive Haltung gegenüber dem Objekt einnehmen. Die Prinzipien und das Objekt werden in der Dimension des Urteils zusammentreffen, da nur diese Dimension vermitteln kann: Die Vorstellung wird durch die Verbindung der beiden Ebenen mittels der Kopula «ist» zum Urteil. Urteilen bedeutet Vereinheitlichung, und dies geschieht auf viele Weisen: Es realisiert sich in vielen (und durch viele) Aktivitäten.

Kant lädt uns also ein, ihm in dieser Hinsicht zu folgen: Das sensible Material ist der Ausgangspunkt, aber nicht der Abschluss des Erkenntnisprozesses. Unser Verstand ist die Erkenntnisfähigkeit, die das Unbehagen überwindet, das entsteht, wenn wir die Welt erfahren und zum Beispiel die Kausalität (oder andere notwendige und allgemeine Strukturen) nicht finden.

58 Kant, B 1–2. Hervorhebungen im Original.

> «Sie [Thales, Galileo, Torricelli] begriffen, daß die Vernunft nur das einsieht, was sie selbst nach ihrem Entwurfe hervorbringt, daß sie mit Prinzipien ihrer Urteile nach beständigen Gesetzen vorangehen und die Natur nötigen müsse, auf ihre Fragen zu antworten, nicht aber sich von ihr allein gleichsam am Leitbande gängeln lassen müsse.»[59]

Die Begegnung der beiden Ebenen erfolgt im Urteil. Dieses ist nämlich nichts anderes als das Fordern, dass die Dinge so und so sind, und ermöglicht es dem Subjekt, sich die Welt stabil und intersubjektiv vorzustellen und die Kausalität dort zu finden, wo sie prinzipiell nicht sein kann. Wie Kant es ausdrückt: «Das Urteil ist also die mittelbare Erkenntnis eines Gegenstandes, mithin die Vorstellung einer Vorstellung desselben.»[60] Und jede Funktion oder Handlung des Denkens hängt von der Fähigkeit ab, ein Urteil zu fällen, welches als der zentrale Akt der geistigen Tätigkeit angesehen wird: «Wir können aber alle Handlungen des Verstandes auf Urteile zurückführen, so daß der *Verstand* überhaupt als ein *Vermögen* zu *urteilen* vorgestellt werden kann.»[61]

Die Betonung der Bedeutung des Urteils impliziert zwei Elemente. Erstens die Hervorhebung, wie dieses durch eine Synthese gebildet wird, die nach langer Übung analysiert werden muss und die das Recht begründet, dass Vorstellungen mit Objekten übereinstimmen. Zweitens bedeutet es zu erkennen, wie der Synthese des Urteils (also die Zusammenbindung eines Subjekts und eines Prädikats durch eine Kopula) eine noch ursprünglichere Synthese zugrunde liegt: Das Urteil ist immer untrennbar mit einem Subjekt einer möglichen Erfahrung verbunden.

Nun bemerkt Kant, dass es Urteile gibt, die es uns ermöglichen, über die unmittelbare Präsenz hinauszugehen und unser Wissen auf notwendige und universelle Weise zu erweitern. Diese sind die synthetischen Urteile a priori. Kant hat dementsprechend vor, ihre Möglichkeit, ihre Grenzen und ihre Umrisse zu untersuchen, da diese Urteile gerade die sind, die die Temporalität überdauern.

Damit transformiert Kant die kontingente und empirische Synthese von Hume in ein starkes, transzendental konstituierendes Prinzip. Der deutsche Philosoph führt das Konzept des Transzendentalen in die philosophische Reflexion ein und gibt der Erkenntnistheorie eine neue Ausrichtung. Diese Revolution ist bedeutend, aber wie alle Revolutionen bleibt sie in gewisser Weise unvollständig und kann sich in unerwartete Entwicklungen verwandeln. Was jedoch zählt, ist der transzendentale Stil, den Kant vorschlägt. Seine transzendentale Methode ist keine bloße Beschreibung von Erlebnissen, wie sie bei Hume zu finden ist, sondern sie konzentriert sich darauf, wie Wissen über Objekte überhaupt möglich sei. Wie Kant schreibt: «Ich nenne alle Erkenntnis *transzendental*, die sich nicht

59 Kant, B XIII.

60 Kant, B 93/A 68.

61 Kant, B 94/A 69. Hervorhebungen im Original.

so wohl mit Gegenständen, sondern mit unserer Erkenntnisart von Gegenständen insofern diese a priori möglich sein soll, überhaupt beschäftigt. Ein *System* solcher Begriffe würde *Transzendental-Philosophie* heißen.»[62]

In Kants Worten – «unsere Erkenntnisart von Gegenständen»[63] – erkennt man die Verbindung und Dankbarkeit, die Kant Hume schuldet. Kant geht jedoch über Humes empiristische Sichtweise hinaus, indem er das a priori einführt, das sich auf das bezieht, was unabhängig von der Erfahrung ist und notwendig für die Möglichkeit von Wissen. Während die Synthese bei Hume kontingent und aus den unmittelbar verfügbaren Sinneseindrücken hervorgegangen war, stellt Kant fest, dass diese Synthese nur dann möglich ist, wenn unsere Art zu erkennen, also die grundlegenden Strukturen unseres Geistes, es a priori ermöglicht. Humes Synthese war kontingent, weil sie auf einem schwachen empirischen Boden beruhte, der aus isolierten Eindrücken bestand, die keinen Zugang zur Welt selbst hatten. Hume analysiert lediglich die Akte der Erfahrung, nicht aber die Erfahrung selbst. In diesem Sinne behält Kant den gleichen materiellen empirischen Boden bei, transformiert jedoch auf revolutionäre Weise die formale Seite der Synthese.

Die große Neuheit der kantischen Philosophie besteht darin, dass die Synthese nicht mehr nur eine einfache Verkettung von Sinneseindrücken ist, sondern eine transzendentale Synthese, die Bedeutung durch die Form erlangt, die der Intellekt diesen Daten aufprägt. Das Material bleibt also das gleiche chaotische und unordentliche der empirischen Erfahrung, aber die transzendentale Form ermöglicht es, dieses Material in ein kohärentes System zu ordnen. Wie Cassirer betont: «An die Stelle der ärmlichen und in sich unterschiedslosen Schablone der ‹Assoziation› tritt daher jetzt eine Fülle und Abstufung verschiedenartiger synthetischer Regeln der Einheitsbildung und somit der Begriffsbildung.»[64] Dieser Übergang führt zu einer universellen Logik, die die Bildung der Einheit der Erfahrung leitet. Laut Cassirer versucht Kant, die grundlegende, logisch gültige Form der allgemeinen Erfahrung zu identifizieren, denn:

> «Zum Objekt wird uns der Wahrnehmungsinhalt nicht, indem wir ihn, in einer rätselhaften Umformung, in eine andere Form der Existenz überführen, sondern, indem wir ihn, der zunächst nur eine bunte und wirre Mannigfaltigkeit von Eindrücken schien, zu strenger verstandesgemäßer Einheit formen; indem wir das Chaos des Bewußtseins zum Kosmos gestalten.»[65]

---

62 Kant, B 25/A 11–12. Hervorhebungen im Original.

63 Kant, B 25/A 11–12.

64 Cassirer, *Das Erkenntnisproblem in der Philosophie und Wissenschaft der neueren Zeit. Zweiter Band. ECW 3*, 595.

65 Cassirer, 558.

Mit anderen Worten, durch den transzendentalen Syntheseprozess wird das Chaos der Sinneseindrücke zu einem geordneten Kosmos, der den Gesetzen des Intellekts entspricht. Auf diese Weise vollzieht Kant eine wahre Transformation des Wissens, indem er von der Unordnung der empirischen Erfahrung zur Schaffung eines rationalen und notwendigen Systems von Konzepten übergeht, das die Realität verständlich macht.

Aus dieser Perspektive ergibt sich die doppelte Synthese als Grundlage für die Bildung des Wissens. Einerseits wird das Wissen auf starke, nicht kontingente Weise gebildet, indem eine Synthese nicht nur die Sinneseindrücke verbindet, sondern sie nach universellen und a priori Prinzipien ordnet. Das Ergebnis ist ein synthetisches Urteil a priori, das es uns ermöglicht, die Realität stabil und intersubjektiv zu begreifen. Andererseits gibt es die fundamentale Funktion der transzendentalen Subjektivität: Die Welt wird zu meiner Vorstellung, da unser Geist die Bedingung ist, die es möglich macht, die Welt als ein kohärentes und verständliches System zu erleben.

Kant schlägt also nicht nur eine revolutionäre Erkenntnistheorie vor, die Humes Empirismus überwindet, sondern definiert auch die Subjektivität als den Ausgangspunkt und die Bedingung für jedes Wissen. Dieser transzendentale Schritt kann nie völlig abgeschlossen werden, aber er stellt ein philosophisches Projekt dar, das darauf abzielt zu verstehen und zu erklären, wie es möglich ist, in unserem Wissen über die Welt Ordnung und Stabilität zu finden.

## Die Synthese des Wissens

Wie wir zuvor bei Hume und Kant gesehen haben, dreht sich die Frage, die PhilosophInnen seit der Antike fasziniert, um die Möglichkeit, zwei Elemente zu verbinden, die prinzipiell so heterogen sind wie das Subjekt und das Objekt, die Form und die Materie oder die Logik und die Ästhetik. Mit welchem Recht kann die Form auf die Materie angewendet werden und wie kann ein solches synthetisches Urteil a priori entstehen?

Der österreichische Philosoph Ludwig Wittgenstein kann uns hier weiterhelfen. In seinem *Tractatus Logico-Philosophicus* von 1921 erklärt Wittgenstein, dass Propositionen Bilder sind, die Zustände der Dinge darstellen. Er schreibt: «Einen Satz verstehen, heißt, wissen was der Fall ist, wenn er wahr ist.»[66] Diese Abbildung ist möglich, weil es erlaubt ist, auf das dargestellte Element dieselben Beziehungen zu projizieren, die auf dem Bild vorhanden sind. Dies ist nur durchführbar, weil es Projektionsregeln gibt, die den Übergang ermöglichen. Der Satz hat die gleiche Struktur wie der Sachverhalt, auf den er sich bezieht, wobei die Struktur des Sachverhalts nur «die Art und Weise, wie die Gegenstän-

66 Wittgenstein, *Tractatus logico-philosophicus*, § 4.024.

de im Sachverhalt zusammenhängen»,[67] ist und die «Form die Möglichkeit der Struktur»[68] darstellt.

Wittgensteins Theorie der Abbildungsfähigkeit der Sprache kann uns dabei helfen, das Problem der Verbindung zwischen zwei unterschiedlichen Elementen zu verstehen: Wie Wittgenstein im *Tractatus* darlegt, gibt es eine gemeinsame Form zwischen dem Sachverhalt und dem Satz, die es dem Satz ermöglicht, den Sachverhalt abzubilden und damit darzustellen. Ähnlich sucht Kant, fast zwei Jahrhunderte zuvor, in der Sensibilität nach Formen, die die höchsten kategorialen Funktionen stützen. Denn «[i]n allen Subsumtionen eines Gegenstandes unter einen Begriff muß die Vorstellung des ersteren mit der letztern *gleichartig* sein, d.i. der Begriff muß dasjenige enthalten, was in dem darunter zu subsumierenden Gegenstande vorgestellt wird»[69] – wie auch Wittgenstein später darauf zurückkommt. Das bedeutet, dass das Konzept, das enthalten muss, was im Objekt repräsentiert wird, das unter ihm subsumiert wird.

Kants Aufforderung ist, Strukturen zu finden, die verbinden können, oder anders ausgedrückt, eine formale Ordnung in der «Fähigkeit (Rezeptivität), Vorstellungen durch die Art, wie wir von Gegenständen affiziert werden», zu finden.[70] Die Wahl der deutschen Passivform betont die Bedeutung, die das Objekt in einem hypothetischen Aktivsatz hätte. Doch indem Kant die Konstruktion mit *werden* wählt, hebt er ausdrücklich hervor, wie in hohem Maße *wir* durch das Objekt verändert werden. Dies ist der zentrale Punkt der kantischen Ästhetik und nicht die Objekte als solche. Unsere Veränderung im Inneren muss eine grundlegende Struktur erlangen.

Wenn die Kategorien (also die Strukturen, die dem empirischen Fluss Stabilität stiften) auf das Gegebene angewendet werden sollen, muss ein Isomorphismus zwischen den beiden Ebenen bestehen. Daher gründet Kant «eine Wissenschaft von allen Prinzipien der Sinnlichkeit a priori»:[71] die transzendentale Ästhetik. In dieser Wissenschaft zeigt Kant, wie Raum, aber vor allem Zeit den Eindrucksstichen, die unser Inneres verändern, formale Ordnung geben. Die transzendentale Ästhetik zeigt uns die raum-zeitliche Form der Sensibilität.

Kant hat also, im Gegensatz zum Empirismus, einen ersten Grundstein für den Prozess gelegt, der den Übergang vom Erfahrungsfluss zur stabilen Beurteilung vollziehen soll. Der sich ständig verändernde Inhalt der Erfahrung, so verstreut und isoliert er auch erscheinen mag, muss stets einen Hinweis auf seine regelmäßige und permanente Form in sich tragen. Dies ist die Aufgabe der transzendentalen Ästhetik.

67 Wittgenstein, § 2.032.

68 Wittgenstein, § 2.033.

69 Kant, *Kritik der reinen Vernunft*, B 176/A 137.

70 Kant, B 33/A 19.

71 Kant, B 35/A 21.

Die Synthese des Urteils basiert einerseits auf einer transzendentalen Ästhetik, doch dies allein ist nicht ausreichend, da Anschauungen ohne Begriffe blind sind. Wie Hermann Cohen zutreffend bemerkt,[72] enthält die kantische transzendentale Ästhetik nicht das Gesetz der Synthese; es gibt keine ästhetische Synthese. Daher muss auf der anderen Seite eine transzendentale Logik eingreifen, welche die Erfahrung über die raum-zeitliche Strukturierung der Sinneseindrücke hinaus zur Objektivität führt. Diese «hat [...] ein Mannigfaltiges der Sinnlichkeit a priori vor sich liegen, welches die transzendentale Ästhetik ihr darbietet, um zu den reinen Verstandesbegriffen einen Stoff zu geben, ohne den sie ohne allen Inhalt, mithin völlig leer sein würde.»[73]

Die formale Logik reicht nicht aus, weil sie nur notwendige, aber nicht hinreichende Kriterien bietet. Diese betreffen lediglich die Form der Wahrheit, «denn obgleich eine Erkenntnis der logischen Form völlig gemäß sein möchte, d.i. sich selbst nicht widerspräche, so kann sie doch noch immer dem Gegenstande widersprechen».[74] Die formale Logik kann daher durch «keinen Probierstein» den Fehler entdecken, der nicht die Form, sondern den Inhalt betrifft.

Diese Grenze der formalen Logik ist für Kant zentral. Denn er betrachtet die allgemeine Logik als die Wissenschaft, die die natürlichen Gesetze des Denkens expliziert. Das bedeutet jedoch nicht, dass sie ausreicht, um allgemeine und notwendige Erkenntnis zu ermöglichen. Die zugrunde liegende Idee in Kants *Kritik der reinen Vernunft* ist, dass ein weiterer Schritt notwendig ist. Wir müssen (und hier möchte ich die Metapher der Prozesshaftigkeit und der Aktion betonen) zu einer Logik übergehen, die die möglichen semantischen Materialien von Urteilen prüft – oder anders gesagt: «die Logik begnügt sich damit, die Formen und Formeln dieses Beweises zu entwickeln, ohne hierbei auf den *Inhalt* der Erkenntnis und auf ihren Ursprung und Rechtsgrund zu reflektieren».[75]

Transzendentale Logik bedeutet also eine Disziplin, die sich von der formalen Logik unterscheidet, sie aber ergänzt. Diese Logik sucht die Möglichkeit und Anwendung des a priori Elements, des Kategorialen, auf das gegebene Material in den Sensationen. Dieses Element ist in der Lage, die Wissenskrise der humeanischen Erkenntnistheorie zu überwinden. Die transzendentale Logik mit ihren zwölf Kategorien legt also die Bedingungen fest, unter denen die Erfahrung unterworfen werden muss, wenn sie Zugang zum logischen Raum des Urteils und der Objektivität erhalten will.

Dies ist jedoch nur möglich, indem man über den *Inhalt des Wissens* nachdenkt: der *Anfang* liegt im *a posteriori*-Produkt. In dieser Reflexion wird jedoch

72 Cohen, *Kants Theorie der Erfahrung.*

73 Kant, *Kritik der reinen Vernunft*, B 102/A 76–77.

74 Kant, B 84/A 59.

75 Cassirer, *Kants Leben und Lehre. ECW* 8, 154. Hervorhebungen im Original.

auch die *Bedingung der Möglichkeit* dieses Beginns sichtbar: *die Handlung des «Ich denke»*.

Kant stellt also klar, dass der Prozess des Wissens nicht nur die äußeren Objekte oder intuitiven Eindrücke betrifft, sondern dass das aktuelle und aktive Subjekt im Zentrum dieser Reflexion steht, dessen Denken die Brücke zwischen der Empfindung und der Erkenntnis bildet.

## Am Anfang war die Handlung des «Ich denke»

Mit der metaphysischen Deduktion hat Kant gezeigt, dass die im Verstand erzeugten Konzepte die Grundlage der Erfahrung und der Urteile selbst bilden. Da die Sensibilität das Gesetz der Synthese nicht enthält, sind diese Konzepte die formalen Prinzipien der Möglichkeit jeder Erfahrung. Die metaphysische Deduktion analysiert jede Erfahrung einzeln im Lichte des ursprünglichen Elements, das ihr zugrunde liegt.[76] Nun stellt sich die Frage, auf welche Weise die Kategorien a priori auf die Objekte angewendet werden können.

Wie bekannt, hat Kant die *transzendentale Deduktion* bei der Überarbeitung von der ersten zur zweiten Auflage vollständig umgeschrieben, obwohl in der *Vorrede* der ersten Auflage zu lesen ist:

> «Ich kenne keine Untersuchungen, die zu Ergründung des Vermögens, welches wir Verstand nennen, und zugleich zu Bestimmung der Regeln und Grenzen seines Gebrauchs, wichtiger wären, als die, welche ich in dem zweiten Hauptstücke der transzendentalen Analytik, unter dem Titel der *Deduktion der reinen Verstandesbegriffe*, angestellt habe; auch haben sie mir die meiste, aber, wie ich hoffe, nicht unvergoltene Mühe gekostet.»[77]

Die Frage, welche der beiden Deduktionen die bessere sei und warum Kant sie komplett ändern musste, öffnet in der Tat ein wichtiges, aber hier nicht relevantes Diskussionsthema: Ob nun die Neukantianer der Marburger Schule die Deduktion der zweiten Auflage bevorzugen oder Husserl die erste bewundert, trägt zu keinem bedeutenden Fortschritt bei und würde hier zu weit führen.

Die *transzendentale Deduktion* stellt die entscheidende Problemlösung dar, «die Erklärung der Art, wie sich Begriffe a priori auf Gegenstände beziehen können».[78] Diese Erklärung betrifft die Rechtmäßigkeit und nicht das Faktum. Kant hat den Höhepunkt der *Kritik der reinen Vernunft* erreicht und fragt sich nun, mit welchem Recht das ästhetische Material den reinen Begriffen des Verstandes unterworfen werden kann: Wie können die beiden Quellen des Wissens miteinander verbunden werden? Anders ausgedrückt, hat die *transzendentale Dedukti-*

76 Vgl. Cohen, *Kants Theorie der Erfahrung*.

77 Kant, *Kritik der reinen Vernunft*, A 16. Hervorhebungen im Original.

78 Kant, B 117/A 85.

*on* vor, die Möglichkeit des Einklangs der Quellen von Erfahrung und Erkenntnis zu zeigen, denn:

> «wir erkennen den Gegenstand, wenn wir in dem Mannigfaltigen der Anschauung synthetische Einheit bewirkt haben. Diese ist aber unmöglich, wenn die Anschauung nicht durch eine solche Funktion der Synthesis nach einer Regel hat hervorgebracht werden können, welche die Reproduktion des Mannigfaltigen a priori notwendig und einen Begriff, in welchem dieses sich vereinigt, möglich macht.»[79]

Und, Kant schreibt weiter: «Alles Erkenntnis erfordert einen Begriff, dieser mag nun so unvollkommen, oder so dunkel sein, wie er wolle: dieser aber ist seiner Form nach jederzeit etwas Allgemeines, und was zur Regel dient.»[80]

Das Problem ist erneut dasselbe wie bei Hume, aber nun auf einer transzendentalen Ebene: «wie [...] *subjektive Bedingungen des Denkens* sollten *objektive Gültigkeit* haben, d. i. Bedingungen der Möglichkeit aller Erkenntnis der Gegenstände abgeben».[81] In der ersten Auflage kommentiert Kant weiter:

> «Weil aber in einem solchen Gedanken mehr als das einzige Vermögen zu denken, nämlich der Verstand beschäftiget ist, und dieser selbst, als ein Erkenntnisvermögen, das sich auf Objekte beziehen soll, eben so wohl einer Erläuterung, wegen der Möglichkeit dieser Beziehung bedarf: so müssen wir die subjektiven Quellen, welche die Grundlage a priori zu der Möglichkeit der Erfahrung ausmachen, nicht nach ihrer empirischen, sondern transzendentalen Beschaffenheit zuvor erwägen.»[82]

Die Frage betrifft also die Berechtigung einer möglichen Anwendung der Kategorien auf die sensible Ebene. Es geht um die Möglichkeit einer Verbindung im Allgemeinen. Nun, «es ist schon ein großer und nötiger Beweis der Klugheit oder Einsicht, zu wissen, was man vernünftiger Weise fragen solle.»[83] Die von Kant aufgeworfene Frage ist in der Tat legitim: Sie schlägt keine metaphysischen Spekulationen vor, sondern möchte diese gerade ausschließen. Die Vernünftigkeit der Frage liegt gerade in diesem Punkt: Die kategorialen Formen werden nicht durch Abstraktion aus der Erfahrung gewonnen – wie es der Empirismus verlangen würde –, sondern sie sind die a priori Bedingungen dieser Erfahrung. Kant stellt fest, dass man sich anstrengen kann, so viel man will, aber die Kausalität, wie Hume uns gezeigt hat, wird nie im intuitiven Bereich auftreten. Die Frage nach der möglichen Anwendbarkeit dieser heterogenen Elemente, die notwendige und universelle Verbindungen schaffen und die Erlebnisse verbinden, erscheint daher vollkommen legitim. Es wäre jedoch ein Fehler, sich zu fra-

79 Kant, A 105.

80 Kant, A 106.

81 Kant, B 122/A 89–90.

82 Kant, A 97.

83 Kant, B 82/A 58.

gen, welche mögliche Anwendung die Formen von Raum und Zeit haben: ob «[e]in Gegenstand erscheinen, d.i. ein Objekt der empirischen Anschauung sein kann».[84] Ihre mögliche Anwendung ist untrennbar mit dem Werden des Phänomens verbunden und kann nicht von ihm getrennt werden.

Die Antwort auf die Frage nach der Möglichkeit einer allgemeinen Verbindung ist bereits in der *Vorrede* zur zweiten Auflage der *Kritik der reinen Vernunft* bekannt. Dort erklärt Kant, dass «die Vernunft nur das einsieht, was sie selbst nach ihrem Entwurfe hervorbringt, daß sie mit Prinzipien ihrer Urteile nach beständigen Gesetzen vorangehen»,[85] und fährt dann fort, seine «kopernikanische Wende» zu verkünden: Es ist nicht möglich, eine Erfahrung zu haben, die nicht durch einen Akt der Spontaneität des Subjekts bereits gedacht ist.

Wie ist also eine Verbindung im Allgemeinen möglich? Diese «kann niemals durch Sinne in uns kommen, und kann also auch nicht in der reinen Form der sinnlichen Anschauung zu gleich mit enthalten sein; denn sie ist ein Actus der Spontaneität der Vorstellungskraft [...], die *Verbindung* die einzige ist, die nicht durch Objekte gegeben, sondern nur vom Subjekte selbst verrichtet werden kann, weil sie ein Actus seiner Selbsttätigkeit ist.»[86] Wenn wir Kant also fragen würden, warum das so ist, würde er uns sagen, dass die Ästhetik die Gesetze der Synthese nicht enthält. Wenn wir ihm dann, in einem kindischen Spiel, eine zweite Frage stellen würden, warum das so ist, würde er antworten, dass das punktuelle Eintreten unserer Eindrücke uns nicht alleine aus den Urteilen der Wahrnehmung herausführen kann, und wenn wir die bloße Ereignisfolge als Grundlage akzeptieren, müssten wir die skeptischen Ergebnisse von Humes Philosophie implizit akzeptieren. Und wenn wir Kant weiter mit der Frage belästigen würden, warum das so ist, würde er uns antworten: weil es eben so ist. Das ist der Ausgangspunkt, den ich bekommen habe, ich habe ihn nicht weiterentwickelt, ich habe nur den formalen Aspekt des Ästhetischen untersucht. Findest du das etwa wenig?

Der Ärger über diese Fragen würde sich in Frustration darüber verwandeln, dass wir die ästhetische Quelle, das besagt den tragenden Pfeiler der Erfahrung, dogmatisch akzeptiert haben, ohne ihn zuvor kritisch zu hinterfragen.

Der nächste Schritt Kants geht dahin, einen logischen Punkt zu finden, auf dem die ganze intellektuelle Synthese aufbauen kann. Dieser Punkt wird im bleibenden Identischen einer logischen Funktion gefunden, die im Wechsel der Sinneswahrnehmungen nicht verschwindet, sondern diesen Fluss ermöglicht und Verbindungen herstellt, indem sie die Kategorien verwendet: «Ich *denke*, muß alle meine Vorstellungen begleiten *können*»,[87] und «nur dadurch, daß ich das

84 Kant, B 121/A 89.

85 Kant, B XIII.

86 Kant, B 129/130. Hervorhebungen im Original.

87 Kant, B 131–132. Hervorhebungen im Original.

Mannigfaltige derselben in einem Bewußtsein begreifen kann, nenne ich dieselbe insgesamt *meine* Vorstellungen».[88] Das *Ich denke* ist jene Tätigkeit, die starke Verbindungen zwischen den Erkenntnisquellen schafft, es ist das operierende Subjekt in jeder urteilsbildenden Synthese. Hier liegt erneut der zentrale Punkt: Am Anfang war die Handlung des *Ich denke.*

## Von der Tat zur Handlung

Nun können wir die erste Schlussfolgerung ziehen, die bereits auf den ersten Seiten der *Kritik der reinen Vernunft* zu finden ist: Die «Verbindung liegt aber nicht in den Gegenständen, und kann von ihnen nicht etwa durch Wahrnehmung entlehnt und in den Verstand dadurch allererst aufgenommen werden, sondern ist allein eine Verrichtung des Verstandes, der selbst nichts weiter ist, als das Vermögen, a priori zu verbinden, und das Mannigfaltige gegebener Vorstellungen unter Einheit der Apperzeption zu bringen, welcher Grundsatz der oberste im ganzen menschlichen Erkenntnis ist.»[89]

Kant fragt sich nun, wie die Kategorien allgemein auf die Objekte der Sinne angewendet werden, da es sich um zwei heterogene und somit getrennte Ebenen handelt. Wie funktioniert also der oberste Grundsatz aller menschlichen Erkenntnis? Mit Fichtes Sprache: Wie wird aus diesem Anfang, der eine *Tat* ist, nun eine *Handlung?*

Die Antwort zeigt den eigentlichen Sinn der Kategorien. Bis zum Paragrafen 24 der *Kritik der reinen Vernunft* waren diese nicht mehr als leere Begriffe, einfache Formen des Denkens, die die Bedingungen festlegten, damit jede Erfahrung in den logischen Raum des Urteils eintreten konnte und somit die chaotischen Wahrnehmungen hinter sich ließ, um in die intersubjektive Stabilität überzutreten. Nun erklärt Kant ausdrücklich, dass die Kategorien «objektive Realität [erlangen], d.i. Anwendung auf Gegenstände, die uns in der Anschauung gegeben werden können».[90] Die «Kategorie hat keinen andern Gebrauch zum Erkenntnisse der Dinge, als ihre Anwendung auf Gegenstände der Erfahrung».[91] In dieser Anwendung werden die Kategorien zu Regeln, die sich im Bereich der Objektivität manifestieren.

Diese Aussage überrascht die LeserInnen zunächst nicht: Kant hat bereits in der *Einleitung* angedeutet, wenn nicht erklärt, dass die Aufgabe die Analyse aller möglichen Erfahrungen ist. Die Kategorien, um nicht in eine klassische Metaphysik zurückzufallen, könnten also keinen anderen Gebrauch haben als den auf das erfahrbare Material, das uns die Sinne bieten. Dennoch ist diese

88 Kant, B 134. Hervorhebungen im Original.
89 Kant, B 134–135.
90 Kant, B 150–151.
91 Kant, § 22.

Aussage viel bedeutsamer, als sie auf den ersten Blick scheint, wie bald gezeigt wird, wenn sie im Lichte des Sinns des *transzendentalen Schematismus* gelesen wird.

In sehr technischen und schwer zu verstehenden Begriffen unterscheidet Kant zwei verschiedene Arten von Synthesen: die figürliche Synthese *(synthesis speciosa)* und die Verstandesverbindung *(synthesis intellectualis)*. Letztere ist die Synthese, die, von den Formen der Sensibilität befreit, sich selbst vollzieht: diejenige Synthese, «welche in Ansehung des Mannigfaltigen einer Anschauung überhaupt in der bloßen Kategorie gedacht würde, und Verstandesverbindung (*synthesis intellectualis*) heißt».[92] Diese Synthese vollzieht sich völlig von selbst, ohne die Hilfe einer äußeren Fähigkeit wie der Einbildungskraft. Die erste Synthese, die figürliche Synthese, vollzieht sich in Bezug auf die Sensibilität: wenn wir die Formen des Denkens mit den Formen des Sinnes in Beziehung setzen.[93]

Diese Synthese unterscheidet sich völlig von der zweiten, da sie ihren Sinn durch den imaginativen Beitrag erhält, weshalb sie als «die *transzendentale Synthesis der Einbildungskraft*»[94] bezeichnet wird. Die Einbildungskraft ist «das Vermögen, [sich] einen Gegenstand auch *ohne dessen Gegenwart* in der Anschauung vorzustellen».[95] Die Einbildungskraft erschafft also freie Möglichkeiten, mögliche Szenarien: Sie ist produktiv.

Nun stellt sich die berechtigte Frage: Welche Art von Fähigkeit ist die Einbildungskraft? Die gleiche Unterteilung der Synthesen und der *Kritik der reinen Vernunft* in Ästhetik und Logik scheint darauf hinzudeuten, dass diese die Quellen der Erkenntnis sind. Ist die Einbildungskraft also ästhetisch, intellektuell oder öffnet sie sich einer dritten Möglichkeit?

In der zweiten Auflage der *Kritik der reinen Vernunft* kann man ausdrücklich lesen:

> «[D]ie Einbildungskraft [gehört], der subjektiven Bedingung wegen, unter der sie allein den Verstandesbegriffen eine korrespondierende Anschauung geben kann, zur *Sinnlichkeit*; so fern aber doch ihre Synthesis eine Ausübung der Spontaneität ist.»[96]

Die Einbildungskraft ist «ein Vermögen, die Sinnlichkeit a priori zu bestimmen, und ihre Synthesis der Anschauungen den Kategorien gemäß, muß die transzendentale Synthesis der Einbildungskraft sein, welches eine Wirkung des Verstandes auf die Sinnlichkeit und die erste Anwendung desselben (zugleich der Grund aller übrigen) auf Gegenstände der uns möglichen Anschauung ist».[97]

---

92 Kant, B 151.
93 Vgl. Cohen, *Kants Theorie der Erfahrung.*
94 Kant, *Kritik der reinen Vernunft*, B 151.
95 Kant, B 151. Hervorhebungen im Original.
96 Kant, B 151. Hervorhebungen im Original.
97 Kant, B 152.

Wie bei Hume ist auch bei Kant die Einbildungskraft die freie Fähigkeit, die Sensibilität zu integrieren. Allerdings wird diese Fähigkeit bei Kant nicht von empirischen oder reproduktiven Gesetzen geleitet, sondern von den kategorialen Funktionen, die das Geflecht der Erfahrungen verbinden: Sie ist authentisch produktiv.

Die Anwendung der Kategorien auf die Objekte der Sinne ist durch die transzendentale Synthese der Einbildungskraft möglich; diese unaufhörliche Arbeit produziert die *figürliche Synthese*, die die Schemata hervorbringt. Die figürliche Synthese oder der transzendentale Schematismus ist die erste Anwendung der Kategorien auf die Sensibilität und auch der eigentliche Sinn der Kategorien. Unter diesem Gesichtspunkt «erscheinen dann Sinnlichkeit und Verstand nicht mehr als feindliche Antipoden, die zu ihrer transzendentalen Eheschließung des schematischen Priesters bedürfen».[98]

Die Unterscheidung zwischen der intellektuellen und der figürlichen Synthese zeigt: um ein Objekt zu denken, sind die Kategorien notwendig, obwohl diese mit keiner geeigneten Anschauung erfüllt sind. Um es jedoch zu erkennen, brauchen wir «Anschauungen, die jenen Begriffen entsprechen»:[99] die Verbindung zwischen der kategorialen Ebene und der ästhetischen Ebene wird durch die transzendentale Einbildungskraft vollzogen, die die Schemata produziert.

Die Konsequenz wird von Ernst Cassirer ausgedrückt: Nach 1781 «[hat] die Gesetzlichkeit der Erscheinungen überhaupt damit aufgehört, ein Rätsel zu sein; denn sie stellt sich nur als ein anderer Ausdruck für die Gesetzlichkeit des Verstandes selbst dar.»[100] Das heißt, die zentrale These der gesamten kantianischen Argumentation ist, dass die Phänomene, wenn sie auf die kommunizierbare Ebene der Urteile und somit des wissenschaftlichen Wissens zugreifen sollen, durch Strukturen gedacht werden müssen, die von den Formen des Denkens und somit von der Urteilskraft abgeleitet sind.

Das Verfahren der Syntax und der Synthese, das die Bildung der möglichen Objektivitäten leitet, ist dasselbe, das den Kosmos des Urteils ermöglicht. Daher ist, wie Hermann Cohen sagt, die *Kritik der reinen Vernunft* eine «Theorie der Erfahrung»[101]. Dieser Vorgang der Repräsentation begründet das Konzept der Natur im Allgemeinen: Mit anderen Worten: Etwas «ist nicht *für uns* ein Gegenstand, wenn es nicht den Inbegriff aller empirischen Realität als Bedingung seiner Möglichkeit voraussetzt».[102] Das bedeutet, dass die Existenz eines jeden einzelnen Objekts nur als sinnvolle Erfahrung betrachtet werden kann, wenn es

---

98 Zschocke, «Über Kants Lehre vom Schematismus der reinen Vernunft», 173.

99 Kant, *Kritik der reinen Vernunft*, B 165.

100 Cassirer, *Kants Leben und Lehre. ECW 8*, 280.

101 Cohen, *Kants Theorie der Erfahrung.*

102 Kant, *Kritik der reinen Vernunft*, B 610/A 582. Hervorhebungen im Original.

in die Reihe der Bedingungen integriert wird, die von unseren a priori Vorstellungen abhängen.

Ändert sich jedoch das Verfahren, wenn wir von einer allgemeinen Natur zu einer besonderen Natur übergehen, die sich nach empirischen Gesetzen ergibt? Mit anderen Worten, verliert das kantianische transzendentale Handeln seine Gültigkeit, wenn wir es mit lebendiger Natur zu tun haben?

## Vom Stein zum Auge: Symbole und ästhetische Ideen

In der *Kritik der Urteilskraft* (1790) scheint Kant zu behaupten, dass der Grundsatz *der Kritik der reinen Vernunft* nicht anwendbar wäre, wenn es um lebendige Natur geht. Er schreibt:

> «Allein es sind so mannigfaltige Formen der Natur, gleichsam so viele Modifikationen der allgemeinen transzendentalen Naturbegriffe, die durch jene Gesetze, welche der reine Verstand a priori gibt, weil dieselben nur auf die Möglichkeit einer Natur (als Gegenstandes der Sinne) überhaupt gehen, unbestimmt gelassen werden, daß dafür doch auch Gesetze sein müssen, die zwar, als empirische, nach *unserer* Verstandeseinsicht zufällig sein mögen, die aber doch, wenn sie Gesetze heißen sollen (wie es auch der Begriff einer Natur erfordert), aus einem, wenn gleich uns unbekannten, Prinzip der Einheit des Mannigfaltigen, als notwendig angesehen werden müssen.»[103]

In diesem Abschnitt argumentiert Kant, dass die Kategorien, die wir zur Wissensproduktion über die Natur im Allgemeinen verwenden, nicht ausreichen, um Wissen (das Erlernen und Reproduzieren) über das zu erlangen, was in der besonderen Natur gegeben ist. So, wie Kant in der dritten *Kritik* argumentiert, sind weitere Prinzipien notwendig, um das Wissen über die und in der besonderen Natur zu begründen. Eines dieser Prinzipien ist das Prinzip der Finalität (den kantischen Fachbegriff an sich wollen wir hier nicht weiter auseinandernehmen). Kant zeigt, dass dieses Prinzip regulativ ist und nicht auf der Erfahrung selbst begründet werden kann:

> «Dieses Prinzip ist zwar, seiner Veranlassung nach, von Erfahrung abzuleiten, nämlich derjenigen, welche methodisch angestellt wird und Beobachtung heißt; der Allgemeinheit und Notwendigkeit wegen aber, die es von einer solchen Zweckmäßigkeit aussagt, kann es nicht bloß auf Erfahrungsgründen beruhen.»[104]

Unabhängig von der Frage, wie dieses Prinzip auf die belebte Natur angewendet wird und wie eine biologische Erkenntnis für Kant möglich ist, ist es interessant zu bemerken, dass Kant dieses regulative Prinzip auch nutzt, um das mögliche Wissen und das praktische Handeln des Menschen zu begründen: sein inge-

103 Kant, *Kritik der Urteilskraft (1790)*, 179–80. Hervorhebungen im Original.

104 Kant, 296.

nieurmäßiges Handeln. Wenn der Mensch bauen möchte, indem er die strukturellen Eigenschaften der Natur nutzt, muss er notwendigerweise ein Ziel setzen, das er selbst in die Natur einführt:

> «Daß wir durch das Auge sehen können, erfahren wir unmittelbar, im gleichen die äußere und inwendige Struktur desselben, die die Bedingungen dieses seinen möglichen Gebrauchs enthalten, und also die Kausalität nach mechanischen Gesetzen. Ich kann mich aber auch eines Steins bedienen, um etwas darauf zu zerschlagen, oder darauf zu bauen u.s.w., und diese Wirkungen können auch als Zwecke auf ihre Ursachen bezogen werden; aber ich kann darum nicht sagen, daß er zum Bauen hat dienen sollen. Nur vom Auge urteile ich, daß es zum Sehen hat tauglich sein sollen, und, obzwar die Figur, die Beschaffenheit aller Teile desselben und ihre Zusammensetzung, nach bloß mechanischen Naturgesetzen beurteilt, für meine Urteilskraft ganz zufällig ist, so denke ich doch in der Form und in dem Bau desselben eine Notwendigkeit, auf gewisse Weise gebildet zu sein, nämlich nach einem Begriffe, der vor den bildenden Ursachen dieses Organs vorhergeht, ohne welchen die Möglichkeit dieses Naturprodukts nach keinem mechanischen Naturgesetze für mich begreiflich ist (welches der Fall bei jenem Steine nicht ist).»[105]

Kant bietet uns ein Bild, in dem das Wissen über die Natur nur durch eine Synthese von empirischen Daten und a priori Strukturen des Denkens möglich ist. Während uns die allgemeinen Kategorien des Denkens erlauben, die Natur im Allgemeinen zu begreifen, sind sie nicht ausreichend, um die lebendige und besondere Natur zu verstehen. Hier kommt jenes regulative Prinzip der Finalität in Spiel, das zwar nicht aus der Erfahrung abgeleitet werden kann, aber unser Urteil und unser praktisches Handeln leitet.

Nun: Welche Rolle spielt die Einbildungskraft bei der Konstitution der Phänomene der Natur? Konstruiert sie auch die Natur?

Im Paragrafen 29 der *Kritik der Urteilskraft* notiert Kant:

> «Die Stimmung des Gemüts zum Gefühl des Erhabenen erfordert eine Empfänglichkeit desselben für Ideen [...] mithin nur unter *der* Voraussetzung *derselben*, und der Anspannung der Einbildungskraft, die Natur als ein Schema für die [Ideen] zu behandeln.»[106]

Die Einbildungskraft vermittelt und produziert durch ihre Vermittlung Inhalte. Es entstehen entweder Schemata (erste *Kritik*) oder ein Schema für die Ideen oder ästhetische Ideen und Symbole. Letztere entstehen, sobald wir die Natur, Kunstwerke und Naturphänomene wahrnehmen und uns zu diesen in Beziehung setzen.

105 Kant, 51.

106 Kant, 191–192, B 265. Hervorhebungen im Original.

Unter einer ästhetischen Idee versteht Kant bekanntlich «diejenige Vorstellung der Einbildungskraft, die viel zu denken veranlaßt, ohne dass ihr doch irgend ein bestimmter Gedanke, d.i. *Begriff*, adäquat sein kann, die folglich keine Sprache völlig erreicht und verständlich machen kann».[107] Bei der Wahrnehmung und Darstellung der Natur, von Kunstwerken und Naturphänomenen haben wir keine adäquaten Begriffe, d.h. keine Sprache, sondern es entstehen Ideen. Diese sind als Vermittlungsfunktionen zwischen den Vermögen zu verstehen. Kant unterstreicht gerade diesen Aspekt mit dem Begriff der Hypotypose:

> «Alle *Hypotypose* (Darstellung, subiectio sub adspectum), als Versinnlichung, ist zwiefach: entweder *schematisch*, da einem Begriffe, den der Verstand faßt, die korrespondierende Anschauung a priori gegeben wird; oder *symbolisch*, da einem Begriffe, den nur die Vernunft denken und dem keine sinnliche Anschauung angemessen sein kann, eine solche untergelegt wird. [Das zweite Verfahren ist] bloß analogisch, d.i. [kommt] mit [dem ersten] bloß der Regel dieses Verfahrens, nicht der Anschauung selbst, mithin bloß der Form der Reflexion, nicht dem Inhalte nach, überein.»[108]

Mit anderen Worten: Die symbolische Hypotypose bringt Symbole hervor, die über die Ebene der Erkenntnis im engeren Sinne (vergl. transzendentale Einbildungskraft/Schemata) hinausgehen und eine andere Sphäre des Wissens erschließen. Wie Goethe schrieb: «Die Symbolik verwandelt die Erscheinung in Idee, die Idee in ein Bild, und so, dass die Idee im Bild immer unendlich wirksam und unerreichbar bleibt und, selbst in allen Sprachen ausgesprochen, doch unaussprechlich bliebe.»[109] Die Vernunft kann hier *nicht konstitutiv* eingreifen, da sie keinen adäquaten Begriff findet, sondern wird hypothetisch, d.h., sie wird vorsichtig und verwandelt sich vom Gesetzgeber zum Zuschauer. In seinem Betrachterdasein belebt die ästhetische Idee das Gemüt, «indem sie ihm die Aussicht in ein unabsehliches Feld verwandter Vorstellungen eröffnet».[110]

---

107 Kant, 249–250. Hervorhebungen im Original.

108 Kant, 295, B 255. Hervorhebungen im Original.

109 Goethe, *Maximen und Reflexionen*, Nr. 1112. Siehe dazu Franzini, «I simboli e l'invisibile»; Simmel, «Kant and Goethe: On the history of the modern weltanschauung»; Steigerwald, «Goethe's morphology: Urphänomene and aesthetic appraisal»; Voigt und Sucker, *Johann Wolfgang von Goethe als Naturwissenschaftler*; Vercellone und Tedesco, *Glossary of Morphology*; Tamborini, «Technische Form und Konstruktion»; Tamborini, *Entgrenzung. Die Biologisierung der Technik und die Technisierung der Biologie*; Tamborini, *The Architecture of Evolution: The Science of Form in Twentieth-Century Evolutionary Biology.*

110 Kant, *Kritik der Urteilskraft (1790)*, 252, B 195.

## Konstitution der Erfahrung

Kant befürwortet daher eine starke Synthese («Gedanken ohne Inhalt sind leer. Anschauungen ohne Begriffe sind blind»[111]), aber sobald die Synthese stattfindet, haben wir es mit Produkten zu tun, die über eine mögliche perfekte Synthese von Ästhetik und Logik hinausgehen – das Erhabene, Natur als Schema für die Ideen oder die ästhetischen Ideen und Symbole übersteigen all dies. Kant bestreitet an mehreren Stellen, dass diese Produkte eine konstitutive Rolle für die Wirklichkeit haben, doch ist das wirklich so? Mit anderen Worten: Welches Konzept von Erfahrung und Repräsentation ergibt sich, wenn wir Symbole, ästhetische Ideen usw. ernst nehmen?

Kant deutet an bzw. gibt einfach zu, dass «die Erfahrung, nach allgemeinen so wohl als besonderen Gesetzen, so wie sie überhaupt, objektiv betrachtet, möglich ist, (in der Idee) ein System möglicher empirischen Erkenntnisse ausmachen» muss.[112] Mit diesen Worten scheint er zu betonen, dass die Konzeption des synthetischen a priori und die Definition der Erfahrung selbst, die er in der ersten *Kritik* gegeben hat, irgendwie unvollständig ist und notwendigerweise ergänzt werden muss. Denn «allein es sind so mannigfaltige Formen der Natur, gleichsam so viele Modifikationen der allgemeinen transzendentalen Naturbegriffe, die durch jene Gesetze, welche der reine Verstand a priori gibt, weil dieselben nur auf die Möglichkeit einer Natur (als Gegenstandes der Sinne) überhaupt gehen, unbestimmt gelassen werden.»[113]

Beim Übergang vom Allgemeinen zum Besonderen kommt es zu einem Informationsverlust, oder besser gesagt, das Allgemeine schafft es nicht, das Besondere unter Beibehaltung seiner Dynamik und seines Reichtums zu erfassen. Kant ist sich dieser Einschränkung voll bewusst und erklärt in der vierten Fußnote der *ersten Einleitung in die Kritik der Urteilskraft*, eine Einleitung, die von Kant nicht als offizielle Einleitung zu seinem Werk gewählt wurde: «[D]ie Urteilskraft setzt ein System der Natur auch nach empirischen Gesetzen voraus und dieses a priori, folglich durch ein transzendentales Prinzip.»[114] Die Bedeutung der empirischen Gesetze wird durch die Unterscheidung zwischen formalem und materiellem Zweck unterstrichen. Der formale Zweck ist derjenige, der z. B. geometrische Konstruktionen betrifft, d. h. er besteht in der «Tauglichkeit zur Auflösung vieler Probleme nach einem einzigen Prinzip».[115] Der materielle Zweck tritt ein, wenn es sich um existierende Dinge handelt, «die empirisch ge-

111 Kant, *Kritik der reinen Vernunft*, B 75/A 51.

112 Kant, *Kritik der Urteilskraft (1790)*, 21.

113 Kant, 88, B XXVII.

114 Kant, 25.

115 Kant, 307, B 271.

geben sein müssen»,[116] und in diesem dynamischen und biologischen Prozess gehen die existierenden Dinge über die bestimmenden Urteile hinaus: Der Zweck selbst wird so zu einem strukturellen Problem. In diesem Fall reicht die vom synthetischen Apriori diktierte Sprache nicht aus, um diese Dynamik und Zweckgemäßheit von Lebendigem zu erfassen: Es scheint, dass die Betrachtung der Natur als bloßer Mechanismus irgendwie nicht ausreicht.

Hier ist es also notwendig, einen Schritt weiterzugehen und sowohl über das «Gegebene» als auch über das «Universelle» nachzudenken:

> «Es kann ganze Bezirke der Erfahrung geben (und es gibt sie in jeder ihrer einzelnen unabgeschlossenen Phasen zweifellos), innerhalb deren diese Forderung noch nicht erfüllt ist; wo also das ‹gegebene› Besondere mit dem gedachten ‹Allgemeinen› sich noch nicht wahrhaft durchdrungen hat, sondern beide noch relativ unvermittelt einander gegenüberstehen.»[117]

Die Gegebenheiten treten so gegenüber dem Allgemeinen in ihrer ganzen Macht hervor und zeigen ihren Überschuss an Kategorisierung. Symbole und ästhetische Ideen bringen eine unendliche Komplexität der Gegebenheiten zum Vorschein, die sich aber nicht auf statische intellektuelle Taxonomien reduzieren lässt. Die Gegebenheiten zeigen und verbergen zugleich das Vorkategoriale, das Vorprädikative.[118]

Dies erschreckt Kant jedoch, und zwar nicht wenig. In dieser Hinsicht schwanken Kants Worte zwischen Ablehnung und verdeckter Bejahung der erkenntnistheoretischen Bedeutung dieser Urteile. Wie festgestellt wurde: «Es gibt etwas Beunruhigendes im Denken des Autors.»[119]

Die *erste Einleitung* in die *Kritik der Urteilskraft* wurde nicht als offizielle Einleitung ausgesucht, nicht weil sie zu lang war, sondern weil sie nur allzu deutlich machte, dass das subjektive Prinzip, das die reflektierenden Urteile beherrscht, sich ständig mit den starken konstitutiven Prinzipien der ersten *Kritik* überschneidet und selbst konstitutiv wird. Die Überschneidung hat dazu geführt, dass die in den beiden Werken gezogenen Grenzen zwischen den verschiedenen Wissensbereichen aufgelöst und die Ebenen erweitert wurden. In der Tat kann man in der *ersten Einleitung* lesen:

---

116 Kant, 310, B 275.

117 Cassirer, *Kants Leben und Lehre. ECW 8*, 290.

118 Siehe dazu Franzini, «I simboli e l'invisibile»; Costa, *Il cerchio e l'ellisse. Husserl e il darsi delle cose*; Scaravelli, *Studi kantiani.*

119 Anceschi, *Tre studi di estetica*, 77. Siehe auch Barone, *Logica formale e logica trascendentale*; Garroni, *Estetica ed epistemologia. Riflesioni sulla «Critica del Giudizio» di Kant*; Mathieu, *La filosofia trascendentale e l'Opus postumum di Kant*; Scaravelli, *Studi kantiani.*

> «denn, daß die Natur in ihren bloß formalen Gesetzen (wodurch sie Gegenstand der Erfahrung überhaupt ist) sich nach unserm Verstande richte, läßt sich wohl einsehen, aber in Ansehung der besondern Gesetze, ihrer Mannigfaltigkeit und Ungleichartigkeit ist sie von allen Einschränkungen unseres gesetzgebenden Erkenntnisvermögens frei».[120]

In der gegebenen Natur hängt die Konstitution nicht von bestimmenden Urteilen, sondern von reflektierenden Urteilen ab. Diese konstituieren in der Tat den empirischen Raum unseres Wissens. Eine solch gefährliche Behauptung wird jedoch etwas abgemildert, indem Kant sagt, dass die reflektierenden Urteile nur eine analogische Funktion haben. Sie agieren, «als ob» diese die Erfahrung konstituieren würden. Die Betonung des «als ob» bedeutet natürlich nicht, dass es so ist: Zwischen der möglichen und der faktischen Ebene klafft eine Lücke, die Kant nicht zugeben kann, weil sie ihn zwingen würde, das gesamte kritische System zu revidieren.

Kants intellektuelle Ehrlichkeit zeigt sich aber auch darin, dass er die erkenntnistheoretische Perspektive der ersten *Kritik* infrage stellt, und zwar, unter anderem, im Paragrafen 21 der *Kritik der Urteilskraft:* Kant räumt ausdrücklich ein, dass es eine ästhetische Bedingung, den Gemütszustand, gibt, der die Erkenntnis begründet, «weil ohne diese, als subjektive Bedingung des Erkennens, das Erkenntnis, als Wirkung, nicht entspringen könnte».[121] Der Gemütszustand wiederum beruht auf dem Gemeinsinn, denn «die allgemeine Mitteilbarkeit eines Gefühls setzt einen Gemeinsinn voraus: so wird dieser mit Grunde angenommen werden können».[122]

Die Schlussfolgerung, auch wenn Kant sie so explizit nicht formulierte, ist, dass die Vielfalt der Natur auf eine andere Art und Weise betrachtet werden muss, die über die formalen Grenzen des synthetischen Apriori hinausgeht und ein Überdenken des gesamten Verhältnisses zwischen dem Bereich der Erfahrung und dem des Urteils erzwingt.

## Ausblick – Erkenntnis als transzendentale Handlung

Kants Reflexion über die Beziehung zwischen Akt, Handlung und Fundament der Erkenntnis führt zu zwei wichtigen Ergebnissen. Erstens: Durch die Erweiterung von Hume zeigt Kant, wie die Akte des Subjekts wesentlich sind, um stabile Erkenntnis zu erlangen, die auf notwendige und universelle Urteile abzielt. Zweitens begründen darüber hinaus Kant und, wie wir im nächsten Kapitel sehen werden, die Neukantianer so eine Methode der philosophischen Reflexion: Die Philosophie muss mit dem Erfolg oder Misserfolg der wissenschaftlichen

120 Kant, *Kritik der Urteilskraft (1790)*, 22.

121 Kant, 157, B 65.

122 Kant, 157, B 65.

Disziplinen in der Erkenntnisproduktion beginnen, um zu untersuchen, wie die Erkenntnisproduktion möglich war. Zu Beginn finden wir die Ergebnisse, die durch Handlungen des transzendentalen Subjekts gegeben werden. Auf diese Weise ist die kantische Transzendentalphilosophie eine Theorie der Handlung, genauer gesagt eine Theorie des inneren Handelns. Wie Birgit Recki schreibt:

> «Die Kantische Transzendentalphilosophie ist eine Handlungstheorie, eine Theorie des inneren Handelns. Die grundsätzliche Praktizität des Verständnisses aller Prozesse, die das vernünftige Subjekt als Instanz von Leistungen auszeichnen, stellt offensichtlich den methodischen Leitfaden dar, der sich mit dem Programm der Kopernikanischen Wende in der Sache verbindet.»[123]

Die «Theorie des inneren Handelns» muss jedoch mit dem, was außerhalb von ihm geschieht, in Einklang gebracht werden. Wie Kant in der *Kritik der Urteilskraft* gezeigt hat, einem grundlegenden Werk für Fichte und Goethe, hat der Reichtum der Daten, die der Klassifikation entgleiten, die Kraft, die transzendentalen Handlungen (und die Kategorien), die notwendig sind, um Erkenntnisse zu produzieren, neu zu definieren.

Von hier aus gehen zwei Wege ab, die die beiden nächsten Kapitel bestimmen werden. Der Neukantianismus von Marburg, insbesondere Paul Natorp, wird versuchen, die kantische transzendentale Methode weiterzuentwickeln und die Beziehung zwischen Beginn, verstanden als transzendentale Herkunft, und Handlung zu vertiefen. Der Begründer der Phänomenologie, Edmund Husserl, wird hingegen eine zentrale Rolle dem Korrelat unserer Wahrnehmungshandlungen zuweisen: der Lebenswelt. In seiner gesamten Karriere wird er versuchen, einen neuen Anfang für die Philosophie zu finden.

123 Recki, *Kants Kritik der Vernunft als Theorie der Freiheit*, 75.

# 3. Die Begründung des Wissens zwischen Taten und Fakten

«‹Im Anfang war die Tat›, die schöpferische Tat der Objektgestaltung jeder Art.»

Paul Natorp, *Kant und die Marburger Schule*, 1910.

Im vorhergehenden Kapitel habe ich aufgezeigt, wie der Akt und die Handlung der Synthese den *a priori* liegenden Ursprung darstellen, der der Idee des Objekts im Allgemeinen sowie der Objektivität der Natur- und Mathematikwissenschaften Stabilität verleiht. Dabei ergibt sich das grundlegende Problem des Verhältnisses zwischen Handlung, dem Produkt der Erkenntnis (der wissenschaftlichen Tatsache) und dem Grund dieses Prozesses. Diese Thematik wurde zwischen dem späten 19. und frühen 20. Jahrhundert erneut aufgegriffen, um – mit Kant – über Kant hinauszugehen. Einer der bedeutendsten Vertreter dieser Weiterentwicklung war der deutsche Philosoph Paul Natorp (1854–1924).

In der Einleitung seines Werks *Die logischen Grundlagen der exakten Wissenschaften* (1910) bemerkt Natorp, dass die Zusammenarbeit zwischen Wissenschaft und Philosophie nicht mehr nahtlos und unproblematisch verläuft, sondern sich vielmehr an einem Wendepunkt befindet. Dieser Wendepunkt könne die philosophische Kritik entweder auf ein neues Fundament stellen oder sie vollständig entkräften. Obwohl Natorp heute eher als eine Randfigur in der philosophischen und historischen Landschaft gilt, prägte er zwischen dem Ende des 19. und dem Beginn des 20. Jahrhunderts entscheidend die Entwicklung der Erkenntnistheorie und definierte die Möglichkeiten der kritischen Methode neu.

Natorp begann seine Studien in Berlin, setzte sie in Bonn fort, wo ihn der deutsche klassische Philologe und Religionswissenschaftler Hermann Usener (1834–1905) an die klassische Philologie heranführte, und schloss sie in Straßburg ab, wo Ernst Laas (1837–1885) Philosophie lehrte. Nach 1875 wandte sich Natorp Hermann Cohen zu und begann eine enge Zusammenarbeit mit der philosophischen Schule, die sich um Cohen an der Universität Marburg formierte. Dort habilitierte sich Natorp 1881 und wurde 1892 zum ordentlichen Professor ernannt.

Natorp und Cohen erlangten gemeinsam Bekanntheit in der philosophischen Welt und etablierten in Marburg eine regelrechte Schule, die Intellektuelle aus ganz Europa anzog. Ihr gemeinsames Anliegen bestand darin, die Philosophie Kants als Methode zu nutzen, um die Bedingungen der Möglichkeit von Erkenntnis zu untersuchen.[124]

Wie Natorp widmete auch Cohen große Teile seiner Arbeit der kantischen Philosophie. Er verfasste eine Trilogie grundlegender Werke sowie den *Kommentar zu Immanuel Kants Kritik der reinen Vernunft* (1907 in Leipzig veröffentlicht) und zahlreiche kürzere Abhandlungen. Das erste dieser Werke, *Kants Theorie der Erfahrung*, erschien 1871 erstmals in Berlin. Auch wenn diese erste Ausgabe noch keine vollständig ausgearbeitete Interpretation von Kants Denken enthält, zeichnet sich ein zentraler Aspekt deutlich ab: die Betonung des strikt transzendentalen Charakters der kantischen Philosophie. Cohen lehnt jede psychologistische Interpretation entschieden ab und argumentiert, dass die transzendentale Philosophie Kants nicht untersucht, wie Erkenntnis im individuellen Bewusstsein entsteht, sondern welche Prinzipien ihre Gültigkeit sichern.

1876 wurde Cohen als Nachfolger von Friedrich Albert Lange Professor für Philosophie in Marburg. Wie bereits erwähnt, legte Cohens Tätigkeit (zusammen mit der von Natorp) in dieser Stadt den Grundstein für die sogenannte Marburger Schule. Im Jahr 1912 verließ Cohen die Universität Marburg und zog nach Berlin.

Wir möchten uns also den Einfluss Natorps auf die Erkenntnistheorie anschauen. In diesem Kapitel konzentriere ich mich auf die Frage des Anfangs, verstanden als Grundlegung der Erkenntnis, sowie auf die transzendentalen Akte des Subjekts, die notwendig sind, um diese Erkenntnis zu ermöglichen. Dabei stelle ich Natorps Perspektive in den Mittelpunkt, die darauf abzielt, einige methodologische Prinzipien Kants im Lichte der wissenschaftlichen Entwicklungen seiner Zeit weiterzuentwickeln – und zu korrigieren –, da diese Errungenschaften die kantischen Ergebnisse stark herauszufordern schienen.

Eines der durch die wissenschaftlichen Entwicklungen herausgeforderten Prinzipien betraf das kantische Raumkonzept. Wie im vorherigen Kapitel gezeigt, stellte Kant die Frage nach den Bedingungen der Möglichkeit, Wissen zu erzeugen. Eine zentrale Bedingung war für ihn der Raum, den er zusammen mit der Zeit als Form der Anschauung bestimmte. Kein Objekt kann unseren Sinnen gegeben werden, ohne der Ordnung von Raum und Zeit unterworfen zu sein. Raum und Zeit besitzen daher eine transzendentale Idealität, da sie *a priori* Formen unserer Anschauung sind. Der Raum ist kein Produkt der Erfahrung und wird nicht *a posteriori* gegeben. Vielmehr legt der Raum die Bedingungen fest, unter denen Erfahrung überhaupt möglich ist. Während die Formen der sinnli-

124 Siehe dazu u. a. Luft, *The Space of Culture: Towards a Neo-Kantian Philosophy of Culture (Cohen, Natorp, and Cassirer)*; Luft, *The neo-Kantian reader.*

chen Erkenntnis – Raum und Zeit – von uns abhängen, ist der empirische Inhalt unabhängig von uns und wird uns gegeben.

Ein Objekt, das wir «Buch» nennen, definiert beispielsweise einen bestimmten Raum, weil wir seine Form auf räumliche Weise wahrnehmen[125] – zum Beispiel als rechteckig und auf dem Tisch liegend. In Anbetracht der Tatsache, dass der Raum uns von außen gegeben ist, ist es der äußere Sinn, der die Wahrnehmung dessen bestimmt, was nicht in uns ist. Das sich den Sinnen zeigende Phänomen «Buch» ist in seiner räumlichen Dimension völlig unabhängig von uns, eben weil es uns von außen gegeben ist. «Raum» kann daher als «Form des äußeren *Sinnes* überhaupt»[126] verstanden werden und ist somit als eine *a priori* Anschauungsform gegeben. Nach Kant bewegen wir uns in und urteilen über die Außenwelt, indem wir einen absoluten newtonschen Raum als sinnvolle Bedingung der Möglichkeit gebrauchen.[127]

Mit der Entdeckung der nicht euklidischen Geometrie wird dieses kantische Raumkonzept allerdings infrage gestellt. Eine nicht euklidische Geometrie ist eine Geometrie, die durch Leugnung oder Nichtannahme bestimmter euklidischer Postulate konstruiert wird. So stellte beispielsweise der russische Mathematiker Nikolaj Ivanovič Lobačevskij 1826 Euklids fünftes Postulat (das Axiom der Parallelen) infrage und entwickelte daraufhin eine kohärente Geometrie, die nicht auf dem Nachweis beruht, dass es für einen Punkt mindestens eine Parallele zu einer bestimmten Linie gibt.

Unter den zahlreichen Reaktionen auf diese Entwicklung war die des französischen Mathematikers und Philosophen Henri Poincaré (1854–1912) überaus interessant. Poincaré stellte nämlich die Frage, ob der (euklidische) Raum eine apriorische Form der Erscheinung sei und ob die Geometrie, als die Lehre des Raums, auf synthetischen *a priori* Urteilen beruht. Wenn nämlich die grundlegenden Präpositionen der Geometrie notwendig und universell und der Begriff des Raums *a priori* wäre, wie Kant meinte, dann «drängen [sie] sich uns mit einer solchen Macht auf, daß wir die gegensätzliche Behauptung weder begreifen noch auf ihr als Grundlage ein theoretisches Gebäude errichten können. Es würde keine nicht-Euklidische Geometrie mehr geben.»[128] Da die Postulate weder *a priori* noch Verallgemeinerungen aus der Erfahrung sind – da wir keine idealen Linien erfahren, sondern nur materielle und konkrete Linien –, schlägt

125 Um das Konzept des Raums und wie es sich auch im Lichte neuer Technologien verändert näher zu beleuchten, verweise ich auf Liggieri, Tamborini und Del Fabbro, *Technikphilosophie. Neue Perspektiven für das 21. Jahrhundert*, aus dem die folgenden Absätze entnommen sind.

126 Kant, *Kritik der reinen Vernunft*, B 41. Hervorhebungen im Original.

127 Siehe z.B. Friedman, *Foundations of Space-Time Theories: Relativistic Physics and Philosophy of Science.*

128 Poincaré, *Wissenschaft und Hypothese*, 49–50.

Poincaré vor, die Axiome, die der einen oder anderen Geometrie zugrunde liegen, als Übereinkunft oder Konventionen zu definieren. Unsere Entscheidung, welche Konvention wir annehmen, d.h. welche Art von Geometrie und Raum wir wählen, wird von der Bequemlichkeit geleitet: Eine Geometrie kann nicht wahrer sein als die andere; sie kann nur bequemer sein. Dieses Übereinkommen ist Poincaré zufolge «das Werk der freien Tätigkeit unseres Verstandes».[129] Unser subjektiver Verstand ist der Bezugs- und Befehlspunkt, nicht die Natur. Poincaré verwandelt also den Raum als reine, apriorische kantische Erscheinungsform in eine Form des Intellekts: Der vormalig objektive Raum wird zum «Werk der freien Tätigkeit unseres Verstandes».[130] Wir geben dem Raum unsere Strukturen vor.

Das Verhältnis zwischen den Ergebnissen der Wissenschaft und der Reflexion der Philosophie muss mit noch größerer Intensität verfolgt werden. Natorp war nämlich davon überzeugt, dass die fortlaufenden Revolutionen – wie etwa die nicht euklidischen Geometrien, die Evolutionstheorie oder die Relativitätstheorie, um nur einige zu nennen – «mächtige Umwälzungen»[131] darstellen, die die Natur- und Geisteswissenschaften in ihrem Handeln zutiefst erschüttern. In diesem Kontext kann und darf die Philosophie nicht einfach die neuen wissenschaftlichen Ergebnisse und Methoden übernehmen und diese «unter alte Schablonen einordnen».[132] Ein solches Vorgehen würde den Sinn und Wert der philosophischen Arbeit sowie der Zusammenarbeit zwischen Wissenschaft und Philosophie vollständig verfehlen. Stattdessen bedürfen, wie Natorp betont, «die Grundlagen der theoretischen Philosophie also der Logik (als ‹transzendentaler› Logik in Kants Sinne) einer Umarbeitung von nicht geringerer Tiefe, als gerade die fundamentalsten der theoretischen Wissenschaften sie in unseren Tagen erfahren haben oder zu erfahren im Begriff sind».[133]

Diese notwendige Neubearbeitung hat unmittelbare Auswirkungen auf die Definition und den methodischen Ansatz der Philosophie selbst:

> «Der heute üppig wuchernden ‹Naturphilosophie› solchen Stils kann durch nichts anderes wirksam begegnet werden als durch eine echte Philosophie nicht der Natur, sondern der Naturwissenschaft auf mathematischer Grundlage, die der positiven Forschung nicht mehr als die Fragen entnimmt, die Antworten selbständig erarbeitet.»[134]

Natorp unterstreicht hier einen zentralen Punkt, den bereits Kant hervorgehoben hatte: Der Gegenstand der philosophischen Untersuchung ist nicht die Na-

129 Poincaré, XIV.
130 Poincaré, XII.
131 Natorp, *Die logischen Grundlagen der exakten Wissenschaften*, III.
132 Natorp, IV.
133 Natorp, IV.
134 Natorp, IV.

tur an sich, sondern wie wir sie durch mathematische und argumentative Strukturen erfassen. Diese Aufgabe, zusammen mit der Notwendigkeit, die neuen Probleme und Ergebnisse der Wissenschaften zu verstehen, hat direkte Konsequenzen für die philosophische Arbeit: Der/die PhilosophIn muss nämlich eine beträchtliche Menge an «Nachtsicht»[135] im Kauf nehmen, um mit den Fortschritten der Wissenschaft Schritt zu halten und in ihren Erkenntnisprozess einzutauchen. Natorp bemerkt:

> «Der Philosoph wird bemüht sein, von den schaffenden Forschern zu lernen und wieder zu lernen, auch wenn es ein Umlernen ist, das sie von ihm fordern. Voraus verurteilt aber ist ein jeder Versuch, der nicht auf solchen letzten *philosophischen* Fundamenten fußt, die sicher sein dürfen durch keine der, sei es schon vollbrachten oder im Gang befindlichen wissenschaftlichen Revolutionen erschüttert zu werden.»[136]

Obwohl die Arbeit der PhilosophInnen also stets von einem kontinuierlichen Austausch und Lernen aus wissenschaftlichen Perspektiven geprägt ist, muss ein zentraler Pfeiler stets im Mittelpunkt der philosophischen Untersuchung und allgemein der Wissensproduktion stehen: die transzendentale Philosophie als philosophische Methode und ihr daraus resultierender Korrelationismus.

Die beste Publikation, um diesen Punkt zu verstehen, erschien zwei Jahre nach den polemischen Ausführungen Natorps über das Verhältnis von Philosophie und Wissenschaft. Am 27. April 1912 hielt Natorp einen Vortrag vor der Kant-Gesellschaft in Halle. Der Titel war programmatisch: *Kant und die Marburger Schule.*

## «Mit Kant und nur strenger noch als er»

In seinem Vortrag vor der Kant-Gesellschaft im Jahr 1912 klärt Natorp von Anfang an die Natur des Umgangs mit Kant und die Rolle der kantischen Philosophie in der Ausrichtung der Marburger Schule sowie in der philosophischen Reflexion. Eine Ablehnung der kantischen Philosophie ist zweifellos möglich, doch bevor ein solcher Schritt unternommen wird, muss jede/r PhilosophIn zunächst Kant und die wörtliche Bedeutung seiner Aussagen vollständig verstehen. Wie auch im philosophischen Diskurs mit den Wissenschaften kann die kritische Auseinandersetzung mit anderen Theorien und philosophischen Systemen – einschließlich einer möglichen Zurückweisung – nur nach einer umfassenden Durchdringung und Analyse dieser erfolgen. Natorp betont daher die Bedeutung, Kants Botschaft und seine möglichen Irrtümer zu verstehen, um mit Kant über Kant hinauszugehen.

135 Natorp, V.

136 Natorp, V. Hervorhebungen im Original.

Nach einer klaren und wörtlichen Erfassung der ursprünglichen Botschaft der kantischen Philosophie wird laut Natorp die Notwendigkeit einer Korrektur (statt einer völligen Ablehnung) angesichts der neuen Ergebnisse der wissenschaftlichen Disziplinen offensichtlich:

> «So hat besonders auch das sich ungesucht von selbst ergeben, daß über die *notwendigen Korrekturen an der Lehre Kants* unter uns, trotz mancher Unterschiede der Formulierung im einzelnen, doch eine große sachliche Übereinstimmung obwaltet. Darüber Rechenschaft zu geben, ist die Aufgabe, die ich für diesen Vortrag mir zu stellen gewagt habe und für deren Lösung ich Ihre freundliche Aufmerksamkeit erbitte.»[137]

Die Notwendigkeit einer Korrektur ergibt sich, da – wie bereits angedeutet – Natorp der Überzeugung ist, dass das unverzichtbare Fundament der philosophischen Arbeit die transzendentale Methode ist, so wie sie von Kant entwickelt wurde. Diese Methode ist die einzige, die in der Lage ist, die theoretische Grundlage für die Wissensproduktion zu legen, während sie zugleich metaphysische Diskurse abweist, die die Grenzen unserer Erkenntnis mit deren Voraussetzungen verwechseln. Anders formuliert: Philosophische Fehler mögen auftreten, doch der zentrale Kern der kantischen Philosophie bleibt gültig.

Jedoch stellt sich die Frage: Bedeutet dies, die kantische Philosophie unkritisch zu akzeptieren? Natorp beantwortet diese Frage, indem er selbst eine neue Frage aufwirft: «Was also meinen wir, wenn wir statt dessen, mit Kant und nur strenger noch als er, für jede philosophische Aufstellung eine ‹transzendentale› Begründung oder Rechtfertigung, eine *deductio iuris* (wie Kant sagt) verlangen?»[138] Was also ist die transzendentale Methode, wie sie von der Marburger Schule korrigiert, überarbeitet und noch strenger interpretiert wird?

Die transzendentale Methode basiert auf einigen zentralen Prinzipien. Wie von Kant angegeben, konzentriert sich die Untersuchung der Bedingungen der Möglichkeit von Wissenserzeugung auf die Analyse des Verhältnisses zwischen *a priori* und *a posteriori*. Das *a posteriori* zeigt sich in den Ergebnissen der wissenschaftlichen Produktion, wie sie in veröffentlichten Werken und ihrem Erfolg, die Welt zu erklären, dokumentiert sind. Dieser Ausgangspunkt ist auch im von der Marburger Schule korrigierten und verschärften kantischen Ansatz grundlegend. Nur der feste Boden des *a posteriori* bildet den Ausgangspunkt jeglicher philosophischen Untersuchung. Dieser Boden muss jedoch plural und historisch verstanden werden. Wie Natorp schreibt:

> «[...] die sichere Zurückbeziehung auf die vorliegenden, historisch aufweisbaren Fakta der Wissenschaft, der Sittlichkeit, der Kunst, der Religion. Denn Philosophie vermöchte nicht zu atmen im ‹luftleeren Raum› des reinen Gedankens, in dem der bloße Verstand

137 Natorp, «Kant und die Marburger Schule», 196.

138 Natorp, 196.

auf den Flügeln der Ideen sich emporschwingen möchte; sie scheut, nach jenem kräftigen Wort KANTs, die ‹hohen Türme› der metaphysischen Baumeister, um welche ‹gemeiniglich viel Wind ist›; sie sucht das ‹fruchtbare Bathos› (Tiefland) der Erfahrung im weiten Sinne des Wortes, d.h. sie strebt sich fest einzuwurzeln in die gesamte schaffende Arbeit der Kultur: im theoretisch wissenschaftlichen ‹Buchstabieren der Erscheinungen›; im praktischen Gestalten sozialer Ordnungen und eines menschenwürdigen Lebens innerhalb dieser auch für die Individuen; im künstlerischen Bilden, ästhetischer Lebensgestaltung; im innerlichsten Gestalten selbst des religiösen Lebens.»[139]

Besonders hervorzuheben ist, dass der Begriff des wissenschaftlichen und aufweisbaren Fakts in Natorps Untersuchungen pluralisiert wird. Es gibt nicht mehr nur einen privilegierten Zugangspunkt, von dem aus die Bedingungen der Möglichkeit unseres Wissens untersucht werden können (wie bei Kant die formale Logik), sondern die Wissensproduktion ist vielfältig. Jedes Produkt menschlicher Tätigkeit muss bis in seine feinsten Details untersucht werden. Jedes Produkt ist ein Faktum der Kultur.

Aber was ist der Anfang, das heißt der einheitliche Grund, der die Fakta der Kultur möglich macht? Worauf beruhen diese Fakta? Für Kant, wie gesehen, basiert das Faktum der Erkenntnis auf der Handlung der transzendentalen Synthese. Natorp teilt diese Grundannahme, modifiziert sie jedoch im Lichte der Vorschläge von Goethe und Fichte. Die Pluralität dieser Produkte ergibt sich daraus, dass sie das Ergebnis von Handlungen sind, die die Realität objektivieren. Um diesen Punkt zu betonen, zitiert Natorp die berühmte Aussage von Goethe. «‹Im Anfang war die Tat›», schreibt Natorp, «die schöpferische Tat der Objektgestaltung jeder Art, in der allein der Mensch sich selber, sein Menschenwesen aufbaut und, indem er sich darin objektiviert, das Gepräge seines Geistes seiner Welt – vielmehr einer ganzen Welt solcher Welten, die alle er die seinen nennen darf – zutiefst und vollkommen einheitlich aufprägt.»[140]

Der Mensch erschafft sich selbst und sein Wesen als Mensch durch sein Handeln. Durch die schöpferische Tat, die seine Essenz und seinen Geist widerspiegelt, verwirklicht er sich selbst und gestaltet die Welt. Ich bin, insofern ich durch mein Handeln Objektivitäten erschaffe.

Nun könnten sich die Lesenden fragen: Gibt es eine Einheit in dieser tiefen Pluralität von Handlungen und Produktionen von Objektivitäten? Gibt es einen Anfang, kantisch verstanden als Grund, in diesen Handlungen? Natorp antwortet wie folgt: «Der schöpferische Grund aber aller solchen Tat der Objekt-gestaltung ist das *Gesetz*; zuletzt jenes Urgesetz, das man noch immer verständlich genug als das des *Logos*, der *Ratio*, der *Vernunft* bezeichnet.»[141]

139 Natorp, 196–97.

140 Natorp, 197.

141 Natorp, 197. Hervorhebungen im Original.

Mit dieser Aussage meint Natorp, dass jedem schöpferischen Akt der Objektgestaltung (wie bei der Formung kultureller Objekte) und allgemeiner jeder Handlung ein leitendes Prinzip, ein Gesetz, zugrunde liegt. Die transzendentale Methode, wie sie von Natorp weiterentwickelt wird, hat die Aufgabe, den Grundsatz oder den Grund der Möglichkeit dieser kreativen Akte aufzuzeigen. Dies bildet den zweiten zentralen Aspekt des von Natorp vorgeschlagenen transzendentalen Ansatzes. Dieser Ansatz zielt darauf ab, sich auf die Fakta (das Aposteriori) zu beziehen, um deren Möglichkeit *a priori* zu erfassen und zu beweisen. Das besagt, «eben den Gesetzesgrund, die Einheit des Logos, der Ratio in all solcher schaffenden Tat der Kultur aufzuzeigen und zur Reinheit herauszuarbeiten».[142]

Die transzendentale Methode, wie schon der Transzendentalsbegriff nahelegt, steht nicht im Gegensatz zur Immanenz der echten Erfahrung, sondern überlagert sie. Denn Notorp bemerkt, dass das Transzendental «nicht von aussen her der Tat der Erfahrung Gesetze aufzwingen [will], nicht vorgreifend ihr die Geleise legen, in denen sie zu laufen habe, sondern nur eben das Gesetz, durch das sie überhaupt, selbst als Aufgabe, ‹allein möglich› ist, in seiner Reinheit herausstellen, um im sicheren Bewusstsein dieses ihres eigenen Gesetzes sie auch für ihren weiteren Fortgang gerade in ihrer Selbständigkeit zu sichern und vor fremder Ablenkung zu bewahren».[143]

Die Philosophie darf demnach nicht als konstruktivistisches Unterfangen interpretiert werden. Der Grund, der jedem Akt der Objektivierung zugrunde liegt, hat nicht die Funktion, Materie zu formen oder zu schaffen. Vielmehr hat die transzendentale Methode das Ziel, beständig nach dem zu suchen, was den Objektivitäten selbst innewohnt und sie möglich macht. Wieder einmal geht es um die Suche nach dem *a priori* ausgehend vom *a posteriori*. Philosophie ist daher ein Akt der Meta-Reflexion, der sich im kontinuierlichen Austausch mit der Wissensproduktion selbst entfaltet:

> «Indem sie aber, als immanente Methode, das Gesetz der objektiven Gestaltung nirgends anders aufsuchen kann als in dieser objektiven Gestaltung selbst, in der immer im Werk befindlichen, nie abgeschlossenen Schöpfung des Kulturlebens der Menschheit, bewahrt sie zugleich streng objektiven Charakter; scheidet sie sich also scharf von jedem ‹Psychologismus›.»[144]

Die transzendentale Methode und damit die Philosophie können unter keinen Umständen auf Psychologie, Metaphysik oder gar traditionelle Logik im aristotelischen Sinne reduziert werden. Im Gegenteil, sie setzt bei diesen Disziplinen

142 Natorp, 197.
143 Natorp, 197–98.
144 Natorp, 198.

an, um die zugrunde liegenden Prinzipien und Akte zu untersuchen, die ihre Basis bilden.

Aus diesen beiden zentralen Punkten – dem Fokus auf die Pluralität der Wissensfakta und der Suche nach dem Grund der Möglichkeit, der den objektivierenden Handlungen zugrunde liegt – präzisiert Natorp, in welchem Sinne die transzendentale Methode als kritisch zu verstehen sei. Die transzendentale Methode ist ein kritisches Verfahren. Sie ist «kritisch gegen metaphysische Übergriffe, kritisch auch gegen einen gesetzlosen, gesetzflüchtigen Empirismus. Sie macht die Autonomie der Erfahrung geltend ebenso sehr gegen die Heteronomie eines sie meistern wollenden Metaphysizismus, wie gegen die Anomie eines gesetzesbaren, wohl gar gesetzfeindlichen Empirismus.»[145]

Mit anderen Worten, indem sie das Subjekt in den Mittelpunkt rückt, verstanden als das, was sich in den objektivierenden Handlungen realisiert, die für die Produktion von Kultur wesentlich sind, sucht die transzendentale Philosophie nach einem Gleichgewicht: Sie erlaubt weder der Metaphysik noch dem Empirismus, der Erfahrung ihre Vorstellungen aufzuzwingen, sondern betont die Rolle des Subjekts als unverzichtbare Grundlage für die Wissensproduktion. Naturgesetzlichkeit, Moralität, künstlerische Schöpfung und sogar Religion werden daher als ewige und autonome Ausdrucksformen des menschlichen Geistes betrachtet. Um diesen Punkt zu verdeutlichen, zitiert Natorp Schiller: «Es ist nicht *draussen*, da sucht es der Tor, *Es ist in dir, du bringst es ewig hervor.*»[146]

Diese Suche kann daher nicht anders, als die Freiheit der Handlung des Subjekts in den Mittelpunkt zu stellen, wenn es um die Schaffung von Wissensprodukten geht. Wie Natorp betont, ist die Freiheit und Spontaneität des Subjekts in der Schaffung von Wissensformen einer der zentralen theoretischen Verdienste Kants (wie im vorherigen Kapitel dargelegt). Natorp ist davon überzeugt, dass «das sich in Kant aus[spricht], wenn er das Denken als Spontaneität, d.i. als Erzeugung aus einem Unendlichkeitsgrunde, darum als Handlung, als Funktion erklärt; es spricht sich aus im Resultate der transzendentalen Analytik: dass der Verstand, hinsichtlich der ‹Form›, das heisst eben: der gesetzmässigen Funktion, der Urheber, nicht bloss der Dolmetscher der Natur (nämlich der Natur der Naturwissenschaft) sei».[147]

Die Philosophie, gegründet auf den Pfeiler der transzendentalen Methode, erscheint somit selbst notwendigerweise als ein Verfahren, als ein Weg, der ständig beschritten und neu beschritten werden muss. «In diesem Grundgedanken also der Philosophie als Methode, und zwar Methode einer unendlichen, schöpferischen Entwicklung, glauben wir den Kern.»[148]

145 Natorp, 198.
146 Natorp, 201.
147 Natorp, 199.
148 Natorp, 200.

In ihrem fortwährenden Hinterfragen und Suchen nach möglichen Grundlagen schließt sich das Motto der transzendentalen Methode bei Natorp: «Die ‹Gegebenheit› selbst wird zum Problem – zum Problem des Denkens.»[149]

Der zentrale Gedanke ist, dass das, was wir als gegebene Realität wahrnehmen – also Dinge, die im Raum und in der Zeit existieren –, uns nicht einfach so, fertig und unvermittelt, erreicht. Gegebenheit ist vielmehr ein Prozess, eine Handlung des Denkens. Denken bedeutet, zu definieren und dem, was erkannt wird, Form und Ordnung zu verleihen. Nichts ist klar und bestimmt, wenn es nicht zuvor durch unseren Geist organisiert worden ist.

Diese Tätigkeit des Formgebens erfordert einen fortlaufenden, niemals abgeschlossenen Prozess, da wir stets bereit sein müssen, Hypothesen zu wagen. Das bedeutet, dass wir uns bewusst sein müssen, dass die Formgebung (oder Bestimmung) eine Aufgabe ist, die immer wieder neu gestellt werden muss.

## Erkenntnis als Fortgang

Eines der zentralen Probleme, das die neukantianische Philosophie aufgreift, ist die Konstruktion und das Verständnis der Gegebenheit: des Gegebenen, das im Raum und in der Zeit erscheint. Dies ist essenziell, um vom bloßen punktuellen Geschehen zu einer stabilen, möglichen Erkenntnis zu gelangen. Worauf gründet sich die Ausarbeitung dieser Gegebenheit und die Produktion von Erkenntnis in den exakten Wissenschaften? In seinem Werk *Die logischen Grundlagen der exakten Wissenschaften* von 1910 analysiert und begründet Natorp die Wissensproduktion in den exakten Wissenschaften.

Die exakten Wissenschaften, wie die Mathematik, streben danach, logisch vorzugehen, indem sie klar definierte Begriffe verwenden und Beweisbares beweisen. Dies bedeutet jedoch nicht, dass sie vollständig auf der Logik beruhen oder auf sie reduzierbar wären (weder in der aristotelischen Auffassung, wie Kant glaubte, noch auf eine formalisierbare Sprache, wie die logischen Positivisten meinen). Auch wenn jede Wissenschaft im allgemeinen Sinne logisch sein möchte, hängen nicht alle Wissenschaften direkt von der Logik ab oder betrachten sie als ihr einziges Fundament. Der wesentliche Unterschied liegt darin, dass die Grundbegriffe der Mathematik von Natur aus logisch sind, während andere, nicht mathematische Wissenschaften dieses strenge Prinzip nicht teilen.

In der philosophischen Tradition, so bemerkt Natorp, vertraten Denker wie Platon, Descartes und Leibniz die Auffassung, dass die Mathematik eine wesentlich logische Natur habe. Kant hingegen führt ein nicht logisches Element in die Fundierung der Mathematik ein: die reine Anschauung. Doch auch bei Kant

149 Natorp, 204.

führt die Synthese von reiner Anschauung und reinem Denken zu einer Annäherung an das Logische und eliminiert nach und nach den Dualismus.

Im Bereich der Mathematik hat sich seit der Zeit Kants eine ähnliche Debatte entwickelt. Einige PhilosophInnen, die von Kant beeinflusst sind, halten weiterhin an der Rolle der Anschauung in der Fundierung der Geometrie fest, während andere, wie Gottlob Frege (1848–1925), Richard Dedekind (1831–1916), Georg Cantor (1845–1918) und Bertrand Russell (1872–1970), diesen Dualismus vollständig ablehnen und darauf hinarbeiten, die Mathematik auf rein logische Grundlagen zu stellen. Beide Gruppen stimmen jedoch im apriorischen Charakter der Mathematik überein und weisen empiristische oder psychologische Ansätze zurück, die versuchen, die Mathematik auf die Erfahrung zu gründen.

Natorp versucht, den apriorischen Charakter der Mathematik zu bewahren, ohne an der Unterscheidung zwischen Anschauung und reinem Denken festzuhalten. Diese Modifikation, die Natorps Idee einer Neuausrichtung und Korrektur der kritischen Philosophie Kants entspricht, erfordert eine konzeptionelle Neustrukturierung der Erkenntniskritik. Erst danach könne eine tiefere Diskussion über das Problem der logischen Fundierung der Mathematik beginnen.

Nun stellt sich für Natorp die Frage, ob die Mathematik, vollständig auf logischen Prinzipien gegründet, als ein Teilgebiet der Logik betrachtet werden kann oder ob umgekehrt die Logik auf die Mathematik reduziert werden könne. Gelehrte wie Russell und Louis Couturat (1868–1914) argumentieren, dass die Mathematik Teil der Logik sei und Letztere als eine umfassendere Form der Mathematik angesehen werden könne. David Hilbert (1862–1943) hingegen kritisiert diese Auffassung und behauptet, dass die Mathematik dennoch einige grundlegende arithmetische Konzepte voraussetzt und daher nicht allein auf Logik reduziert werden könne. Ein zentrales Problem, das sich aus dieser Diskussion ergibt, ist die Gefahr eines Zirkelschlusses: Wenn die Logik verwendet wird, um die Mathematik zu begründen, und die Mathematik, um die Logik zu rechtfertigen, kann keine der beiden Disziplinen wirklich fundiert werden, ohne die andere vorauszusetzen. Dies, so Natorp, sei ein schwerwiegender konzeptioneller Fehler, der vermieden werden müsse.

Darüber hinaus kritisiert Natorp den formalistischen Ansatz, der dazu tendiert, Symbole und logische Regeln als bloße Recheninstrumente zu behandeln, ohne ihnen eine Bedeutung zuzuschreiben. Natorp betont, dass die Logik nicht auf einen bloßen Mechanismus bedeutungsloser Symbole reduziert werden kann, sondern einen verständlichen Sinn haben muss. In diesem Zusammenhang ist die kantische Unterscheidung zwischen Synthese und Analyse zentral: Kant zufolge, so erinnert Natorp, ist die Synthese, also die Fähigkeit, Begriffe zu kombinieren, um neue Bedeutungen zu schaffen, das Fundament des Denkens; die Analyse, d. h. die Zerlegung von Begriffen, ist lediglich das Gegenstück dazu. Nicht durch Analyse allein kann man etwas vollständig begreifen. Die Analyse zerlegt nur das bereits Bekannte. Notwendig ist ein synthetischer Prozess, der neue Erkenntnisse hervorbringt, der das bereits Bekannte erweitert.

Zudem betont Natorp, dass die Logik nicht auf mechanischen Formalismus reduziert werden darf, sondern als ein Prozess verstanden werden muss, der dem Denken und der Wissenschaft Bedeutung und Kohärenz verleiht.

Aus diesen Prämissen entwickelt Natorp einen zentralen Punkt in seiner Konzeption der transzendentalen Philosophie. Um zu logischer und analytischer Klarheit zu gelangen, muss man stets von einem Akt der Synthese ausgehen, der das Gegebene konstituiert:

> «‹Im Anfang war die Tat›: das gilt auch von der Tat der Erkenntnis, welche Wissenschaft heißt. Gesetzmäßiges, synthetisches Denken muß längst am Werk und zu förderlichen Ergebnissen in gewissem Umfang schon gelangt sein, bevor auch nur die Frage auftreten kann nach den Gesetzen dieses synthetischen Denkens, wodurch Wissenschaft überhaupt möglich ward. Nur am schon vorliegenden ‹Faktum› der Wissenschaft kann Logik die Gesetze des Wissenschaffens selbst aufweisen, denn nur an ihm kann sie die Gesetze, von denen sie spricht, in ihrer Wirksamkeit beobachten und ihre Realität, d. h. ihre Leistungskraft, einen Sachsinn zu begründen, gleichsam auf der Tat betreffen.»[150]

Anschließend überarbeitet und präzisiert Natorp das Verhältnis zwischen dem Faktum der Wissenschaft und dem Grund seiner Möglichkeit. Im Anschluss an Kant und Platon betont er, dass es kein endgültiges Faktum der Erkenntnis gibt; jedes Mal, wenn wir eine Wissenslücke schließen, treten neue Fragen auf. Erkenntnis ist ein unendlicher Prozess, in dem weder absolute Ausgangspunkte noch endgültige Schlussfolgerungen existieren. Das Wissen entwickelt sich kontinuierlich weiter, und jedes wissenschaftliche Faktum stellt lediglich einen Moment innerhalb dieses Prozesses dar, nicht jedoch einen abschließenden Endpunkt.

Diese Überlegung führt zu der Einsicht, dass die Wissenschaft niemals wirklich «vollendet» sein kann. Das wahre Faktum der Wissenschaft besteht in ihrer ständigen Weiterentwicklung: im Fieri, im unablässigen Werden. Wie Natorp treffend bemerkt: «So kann von keinem ‹Faktum› mehr im Sinne fertigen Wissens die Rede sein; jede Erkenntnis vielmehr, die eine Lücke des bisherigen Wissens schließt, wird neue, größere Probleme hervortreiben.»[151]

Daraus leitet Natorp eine Definition des Verstehens ab, die für die Verwirklichung philosophischer Arbeit notwendig ist:

> «‹Verstehen› heißt fortan nicht: mit dem Gedanken zum Stillstand kommen, sondern im Gegenteil: jeden scheinbaren Stillstand wieder in Bewegung aufheben. ‹Da steht mir der Verstand still,› sagt die populäre Sprache um auszudrücken, daß man nichts mehr versteht; sogar sie hat also ein Bewußtsein davon, daß Verstand Bewegung, Stillstand

150 Natorp, *Die logischen Grundlagen der exakten Wissenschaften*, 10.
151 Natorp, 14.

> Nichtverstehen bedeutet. Der Fortgang, die *Methode* ist alles; im lateinischen Wort: der *Prozeß*. Also darf das ‹Faktum› der Wissenschaft nur als ‹Fieri› verstanden werden. Auf das, was getan wird, nicht was getan ist, kommt es an. Das Fieri allein ist das Faktum: alles Sein, das die Wissenschaft ‹festzustellen› sucht, muß sich in den Strom des Werdens wieder lösen. Von diesem Werden aber, zuletzt nur von ihm, darf gesagt werden: es ist.»[152]

Wenn das Verstehen stets in Bewegung ist und es keinen festen Punkt gibt, an dem man endgültig verweilen könnte, dann muss auch das Korrelat dieses Verstehens, nämlich die Objektivität, neu überdacht werden.

> «So kann also von keinem ‹gegebenen› Gegenstand mehr die Rede sein; also auch nicht von Erkenntnis als bloßer Analyse dieses Gegebenen. Gerade der Gegenstand vielmehr ist *Aufgabe*, ist *Problem* ins Unendliche. Und also ist Erkenntnis, als auf den Gegenstand gerichtet, notwendig Synthesis in Kants Sinne, d.h. Erweiterung, beständiger Fortgang.»[153]

## Auf der Suche nach einem Anfang

In dieser Auffassung von Erkenntnis als fortwährende Entwicklung, bei der die Gegebenheit durch eine Handlung des Subjekts bestimmt werden muss, stellt sich die Frage, ob ein methodologischer Anfangspunkt gefunden werden kann, von dem aus sich der Erkenntnisprozess begründen lässt. Wie bereits gesehen, setzt Kant an den Anfang dieses Prozesses die Spontaneität des «Ich denke», während Fichte diese in die Tathandlung überführt. In dieser Tradition stehend und der Interpretation Cohens folgend, bemerkt Natorp:

> «Das lag in Kants Synthesis allerdings zugrunde; die Synthesis sollte den Ursprung der Erkenntnis bedeuten; aber zum wenigsten ist ‹Synthesis› dafür nicht der bezeichnendste Ausdruck, das Ursprünglichere und überhaupt Ursprüngliche die ‹synthetische Einheit› (Einheit der Synthesis, das heißt was ihr Einheit gibt) unterscheidet, die als ‹Funktion›, als ‹Handlung› ihm also erst das Letztbestimmende, Schöpferische des Denkens eigentlich darstellt. Damit kommt er der Fassung des fundamentalen Prinzips des Logischen bereits ganz nahe, für die Hermann Cohen den Ausdruck des ‹Ursprungs› geprägt hat.»[154]

Mit anderen Worten: Das wirklich grundlegende Element, ursprünglicher noch als die Synthese selbst, ist die Idee der synthetischen Einheit. Diese Einheit ist nicht bloß der Akt des Kombinierens von Dingen, sondern das, was dieser Syn-

152 Natorp, 14.
153 Natorp, 18.
154 Natorp, 21.

these Einheit verleiht. Es handelt sich um eine Funktion, eine schöpferische Handlung des Denkens, die den eigentlichen Motor der Erkenntnis bildet.

Von diesem Punkt ausgehend, behandelt Natorp die Frage nach dem Prinzip des Ursprungs in der Logik und der Erkenntnis. Er fragt sich, wie es möglich ist, einen festen und endgültigen Ausgangspunkt für das Denken zu etablieren, obwohl dieses einem ständigen Wandel unterliegt. In Anlehnung an Kant und Cohen betont Natorp, dass der Begriff des Ursprungs nicht als ein einziges, endgültiges Prinzip betrachtet werden kann, von dem alles andere abgeleitet wird. Vielmehr muss der Ursprung kontinuierlich durch das Denken selbst «gesetzt» und neu entdeckt werden. Dies bedeutet, dass wir nicht mit einem bereits vollständig geformten Prinzip beginnen können, sondern es im Verlauf des Denkprozesses konstruieren müssen.

Natorp warnt vor der traditionellen Sichtweise, die von der klassischen Philosophie geerbt wurde und danach strebt, eine einzige Ursache oder ein Prinzip zu finden, aus dem alle Erkenntnisse und Dinge abgeleitet werden, fast so, als gäbe es eine einzige Quelle, aus der das gesamte Wissen strömt. Diese reduktionistische Sicht kritisiert er, weil sie die Komplexität und Kontinuität des Denkens nicht berücksichtigt. Es gibt keinen absoluten Ausgangspunkt; vielmehr befinden wir uns in einem unendlichen Prozess der Wissensgenerierung, in dem jedes Element mit den anderen verbunden ist.[155]

Die Idee des Prinzips des Ursprungs ist hier als eine ständige und nie abgeschlossene Suche zu verstehen. Die Logik kann nicht auf einer einzigen Wahrheit oder einem einzigen Ursprung basieren, aus dem alles andere abgeleitet werden würde. Dies würde bedeuten, den Ursprung auf einen festen Punkt zu reduzieren, was nach Natorp unmöglich ist, da Erkenntnis und Denken sich ständig weiterentwickeln. Die Logik muss sich als eine offene Frage begreifen und nicht als eine Reihe fertiger Antworten. Es ist durch diese Bewegung, dass sich das Denken entfaltet.

Zudem kritisiert Natorp die Tendenz, alles auf ein einziges, vereinfachtes Prinzip reduzieren zu wollen. Diese Suche birgt die Gefahr der Reduktion, da sie die Tatsache ignoriert, dass der menschliche Denkprozess komplex ist und viele Faktoren einbezieht. Ein einzelner Ursprung oder eine einzige Ursache reicht nicht aus, um die Gesamtheit der Erkenntnis zu erklären. Er vergleicht diese Suche mit einem Kind, das versucht, eine Wasserquelle mit der Hand zu blockieren und dabei glaubt, es könne so einen ganzen Fluss aufhalten.

Anstatt nach einem einzigen Prinzip zu suchen, schlägt Natorp vor, dass die Kontinuität und die Wechselbeziehung zwischen den verschiedenen Elementen des Denkens ins Zentrum der Logik gestellt werden müssen. Das Denken darf nicht als eine gerade Linie betrachtet werden, die von einem einzigen Ursprungspunkt ausgeht, sondern vielmehr als ein kontinuierlicher Prozess von

155 Vgl. Natorp, § 6.

Synthese und Analyse, also von Erweiterung und Differenzierung. Einerseits vereinigt das Denken verschiedene Konzepte, indem es Verbindungen zwischen ihnen schafft; andererseits differenziert es sie, indem es sie zerlegt und analysiert. Diese beständige Dialektik zwischen Einheit und Differenzierung bildet auch die Grundlage des logischen Prozesses.

Das Prinzip, das die Logik leitet, kann daher, so Natorp, nicht auf eine feste Formel oder einen einzigen statischen Begriff reduziert werden. Vielmehr entwickeln sich Denken und Erkenntnis durch eine ständige Interaktion verschiedener Faktoren, die sich gegenseitig stützen und aufeinander verweisen. Der Ursprung ist somit kein endgültiger Ausgangspunkt, sondern ein fortwährender Prozess. Der Anfang ist eine unaufhörliche Suche nach Sinn durch die Bewegung und Kontinuität des Denkens.

Doch was verleiht diesem Prozess Einheit? Für Natorp steht es außer Frage, die Einheit ergibt sich aus der Korrelation.

> «Diese ist in der Tat, als das Prinzip der Prinzipien, in bestimmter Überordnung gegen die ganze Reihe der einzelnen, zueinander korrelativen Grundmomente des Logischen zu denken; freilich, wie wir erwarten mußten, ohne jede Möglichkeit einer Absonderung auch nur in dem Sinne, wie diese Momente selbst sich trotz ihrer Korrelativität dennoch begrifflich voneinander müssen sondern lassen.»[156]

Das Prinzip der Korrelation wird als das grundlegende Prinzip verstanden, das alle Elemente des logischen Denkens miteinander verbindet, nicht als isolierte Einzelkonzepte, sondern durch eine reziproke Beziehung. Die Korrelation wird somit zum zentralen Element, zu jenem «Prinzip der Prinzipien», das über den anderen logischen Momenten steht, die dennoch miteinander verknüpft bleiben. Am Anfang steht also die Korrelation, die sich in Akten von Synthese und Analyse manifestiert. Doch was versteht Natorp unter Korrelation? Er greift Kants Konzept der synthetischen Einheit auf und zeigt, dass das Denken Elemente miteinander verknüpft, die sonst getrennt blieben, während gleichzeitig ihre Unterscheidung gewahrt bleibt. Erkenntnis vollzieht sich durch diesen Prozess der Korrelation, der einen kontinuierlichen und unendlichen Fortschritt des Wissens ermöglicht. Die Analyse, also das Trennen und Isolieren einzelner Denkelemente, zerstört diese Korrelation nicht, sondern pausiert lediglich den Fluss, um die Details jedes Moments genauer zu untersuchen. Dieser Vorgang offenbart neue Verbindungen auch innerhalb der analysierten Elemente.

Die Synthese wird daher zum Prozess, der die verschiedenen logischen Elemente wieder vereint, während die Analyse weiterhin eine wichtige Rolle spielt, da sie hilft, neue Strukturen und Relationen aufzudecken. Die Korrelation zwischen Einheit und Differenzierung ist essenziell: Die Denkelemente werden zwar vereint, bleiben aber zugleich unterschieden, und genau diese Dualität bil-

156 Natorp, 26.

det das Fundament der Logik. Natorp betont, dass der Ursprung der Differenzierung in der Einheit selbst zu finden ist: Die Einheit ist das Prinzip, aus dem die Vielfalt hervorgeht.

Die Aufgabe der Analyse besteht also darin, die zugrunde liegende Synthese offenzulegen und zu zeigen, wie sich die einzelnen logischen Momente miteinander verbinden, um das gesamte logische System aufzubauen. Ziel ist es, eine kohärente logische Einheit zu schaffen, in der alle Teile in einem strukturierten System miteinander verknüpft sind. Dies ist es, was Natorp unter Konstruktion versteht: ein Prozess, bei dem die einzelnen logischen Elemente beschrieben und zu einem einheitlichen System zusammengefügt werden.

Darüber hinaus kritisiert Natorp die Vorstellung, das «Urteil des Ursprungs»[157] als ein isoliertes Konzept oder getrennt von anderen logischen Momenten zu behandeln. Der Ursprung ist kein einzelner Punkt oder ein isoliertes Urteil, sondern stellt die Korrelation aller Denkelemente dar, die sich zu einem logischen System verbinden. Natorp insistiert darauf, dass das Konzept des Ursprungs nicht isoliert oder als unabhängiges Prinzip verstanden werden kann, sondern als Teil eines umfassenden logischen Prozesses, einer kontinuierlichen Einheit, die das gesamte System durchdringt.

In der Tradition von Kant und Cohen untersucht Natorp das Konzept des Ursprungs in Erkenntnis und Logik. Für ihn ist der Ursprung kein fester oder endgültiger Ausgangspunkt, sondern ein dynamischer und stetig werdender Prozess. Das Denken verbindet durch eine kreative Funktion unterschiedliche Elemente und bewahrt gleichzeitig ihre Unterschiede. Dieser Korrelationprozess ist das fundamentale Prinzip, das der Logik und jeder anderen Form von Erkenntnis Kohärenz verleiht.

Die Korrelation, als «Prinzip der Prinzipien» verstanden, verknüpft alle Denkelemente in einem einheitlichen System. Jedes logische Moment steht in wechselseitiger Beziehung zu den anderen, nicht als isolierte Konzepte, sondern in einer reziproken Verbindung. Das Denken entwickelt sich durch eine ständige Bewegung von Synthese und Analyse: Die Synthese verbindet, die Analyse differenziert und vertieft. Der Ursprung ist somit keine separate Entität oder ein statisches Konzept, sondern das Ergebnis des Korrelationprozesses, der sich in der Interaktion zwischen Synthese und Analyse manifestiert. Diese fortwährende Bewegung ermöglicht es dem Wissen, sich kontinuierlich auszudehnen, ohne jemals zu einem endgültigen Abschluss zu gelangen.

157 Natorp, 28.

## Korrelation und Objekt: Die Neudefinition der Fakta in den wissenschaftlichen Disziplinen

Wie muss das Produkt dieser Korrelation neu betrachtet werden? Wie lassen sich die Fakta der wissenschaftlichen Disziplinen im Lichte des identifizierten Ursprungsprinzips neu definieren? Oder anders formuliert: Inwiefern kann uns die Dynamik der Korrelation helfen, bestimmte Elemente des erzeugten Objekts besser zu verstehen?

Nach Natorp kann wissenschaftliche Erkenntnis nicht auf eine Reihe bereits abgeschlossener Tatsachen reduziert werden; sie ist vielmehr ein ständiger Prozess des Werdens, ein Fieri. Die wissenschaftliche Erkenntnis ist etwas, das kontinuierlich geschaffen und verwirklicht wird. Wissenschaft und Philosophie entwickeln sich durch eine Reihe von Hypothesen und Prämissen, die ihrerseits einer Rechtfertigung bedürfen. Es gibt jedoch keinen letzten, unveränderlichen Grund, der endgültig bewiesen werden könnte. Jeder Versuch, die Grundlagen der Erkenntnis zu verankern, sei es durch Induktion oder Deduktion, führt zwangsläufig zu Zirkelschlüssen oder Zweifeln, da auch die Grundprinzipien der Erkenntnis stets hinterfragt werden müssen.

Natorp beleuchtet daher das Verhältnis zwischen theoretischer Frage und dem zu analysierenden Problem. Er bemerkt, dass jede Frage bereits eine potenzielle Antwort impliziert: Um eine Frage stellen zu können, muss bereits ein gewisses Maß an Wissen vorhanden sein – dies verweist auf die Beziehung zwischen *A priori* und *A posteriori*. Dies führt zur Problematik der Antizipation: Wenn wir eine Frage stellen, antizipieren wir bereits einen Teil der Antwort, da die Frage selbst auf bereits festgelegten Prämissen beruht.

Dieser Gedanke lässt sich auf das Konzept des Objekts oder des Objekts als Erkenntnisproblems übertragen. Das Objekt der Erkenntnis repräsentiert das, was gesucht wird, ist jedoch nicht völlig außerhalb des Erkenntnisprozesses angesiedelt. Es gleicht dem x einer Gleichung: Es ist das, was bestimmt werden soll, ist aber stets in einem vorgegebenen Kontext von logischen Beziehungen eingebettet. Daher kann es nicht völlig unbekannt sein. Das Objekt ist demnach kein isolierter Begriff, sondern Teil eines dynamischen Geflechts von Korrelationen, die sich durch den Akt der Erkenntnis kontinuierlich weiterentwickeln.

Die Korrelation zeigt, dass Erkenntnisprozesse niemals linear verlaufen oder auf festgelegten, abgeschlossenen Tatsachen basieren. Vielmehr entstehen neue Fragen, sobald vermeintlich geklärte Punkte erreicht werden. Das wissenschaftliche Faktum ist also kein Endpunkt, sondern ein momentanes Glied in einem endlosen Prozess des Verstehens und Hinterfragens:

> «[S]oll der Gegenstand sozusagen das x der Gleichung der Erkenntnis sein, so muß er, obwohl als das Gesuchte, doch gänzlich aus ihrem eigenen Gesichtspunkt bestimmt sein. So wie das x, y usw. der Gleichung nur Sinn hat für die Gleichung und in ihr, aufgrund

> des Sinnes der Gleichung selbst, stets in Beziehung zu den bekannten Größen, d.h. den Konstanten, nämlich den Sinn der Variabeln als der ‹Wurzeln› der Gleichung (Werte, welche sie ‹erfüllen›), so und nur so wird das große X der Erkenntnis, der Gegenstand, verständlich. Nach ihm könnte gar nicht die Frage sein, anders als vom Standpunkt der Erkenntnis selbst, gemäß den Urbeziehungen, die überhaupt eine Erkenntnis ‹möglich machen›: als das Unbestimmte zwar, aber im Sinne des zu Bestimmenden, im Bereich der Bestimmungsmöglichkeit überhaupt also Liegenden, wenn auch innerhalb dieses Bereiches nicht weiter fixiert, ja auch nicht absolut zu fixieren, sondern in letzter Hinsicht stets variabel zu halten: damit der Fortgang der Erkenntnis nie abgebrochen sei.»[158]

In diesem Prozess ist das Erkenntnisobjekt niemals vollständig definiert oder festgelegt; vielmehr bleibt es stets offen für weitere Bestimmungen. Dies spiegelt die unendliche Natur der Erkenntnis wider, die niemals einen endgültigen Punkt oder eine abschließende Erklärung erreicht. Jede neue Erkenntnis bringt neue Fragen und vertiefende Möglichkeiten hervor, wodurch ein kontinuierliches Erkenntnisprojekt entsteht: «Das Objekt der Erkenntnis wird Projekt, der Gegenwurf Vorwurf. Vorausgesetzt ist also eben der Prozeß, der Gang der Erkenntnis im Ganzen, seiner Richtung nach: die Methode.»[159] Natorp schreibt weiter:

> «Als Aufgabe der Erkenntnis, die nicht Stillstand, sondern ewigen Fortgang bedeutet, wird der Gegenstand zur unendlichen Aufgabe, und jede endliche Bestimmung des Gegenstandes zum bloßen Einschnitt in das Kontinuum des Fortgangs. Aber die unendliche Aufgabe ist unendliche Projektion.»[160]

Der zentrale Gedanke besteht darin, dass der Ursprung eine Forderung des Denkens darstellt: ein Antrieb, zu verstehen und zu erklären. Das Objekt ist wiederum die Antwort auf diese Forderung, nicht als endgültiges Ergebnis, sondern als etwas, das sich kontinuierlich verwirklicht. Der Erkenntnisprozess selbst ist demnach nicht auf eine abgeschlossene Wahrheit ausgerichtet, sondern auf eine unendliche Bewegung des Denkens. Jede Antwort ist nur ein Moment in diesem fortwährenden Prozess, eine temporäre Konstellation innerhalb eines größeren Zusammenhangs.

Das Objekt wird also zu einer immerwährenden Aufgabe, einem dynamischen Projekt, in dem sich das Denken entfaltet. Es entsteht eine dialektische Beziehung zwischen der Frage und dem Objekt: Die Frage ist die treibende Kraft, die das Denken in Bewegung setzt, während das Objekt die Antwort ist, die sich ständig weiterentwickelt und niemals abgeschlossen ist. Dieses Verständnis führt zu einer offenen und flexiblen Konzeption der Erkenntnis, in der

158 Natorp, 33.
159 Natorp, 33.
160 Natorp, 34.

das Objekt nicht als starre Entität, sondern als ein Knotenpunkt in einem Netzwerk von Bedeutungen und Beziehungen betrachtet wird.

In diesem Sinne ist das Objekt nicht einfach ein gegebenes Faktum, sondern das Ergebnis eines aktiven, kreativen Prozesses des Denkens. Die Wahrheit wird nicht entdeckt, sondern im Laufe des Denkens erzeugt und transformiert. Die Unendlichkeit der Aufgabe bedeutet daher, dass das Denken stets auf der Suche bleibt, ohne je zu einem endgültigen Abschluss zu gelangen. «Was jener als Forderung an die Erkenntnis ausspricht», schreibt Natorp, «will dieser aussprechen, nicht als die Möglichkeit nur, sondern die Sicherheit der Erfüllung der Forderung.»[161]

Diese Befriedigung erfolgt jedoch nur als «ewiger Fortgang, nicht endgültiger Abschluß».[162] Mit anderen Worten, Wissen hat niemals ein endgültiges Ende, sondern ist ein unendlicher Prozess der Vertiefung und Entdeckung. Erkenntnis ist kein Ziel, das irgendwann erreicht wird, sondern vielmehr ein kontinuierlicher Fluss, der sich unaufhörlich weiter entfaltet. Jede neue Erkenntnis ist lediglich ein weiterer Moment in diesem fortwährenden Prozess, der niemals zu einem abschließenden Punkt führt.

## Vom Faktum zur Kultur

Natorps Reflexion, die zu Beginn des 20. Jahrhunderts entwickelt wurde, legt den Fokus auf das Verhältnis zwischen dem transzendentalen Beginn unseres Wissens und der Handlung. In der Untersuchung dieses Verhältnisses stellt Natorp methodische Grundsätze auf, die einen bedeutenden Einfluss auf einen Großteil der Philosophie des 20. Jahrhunderts haben werden. Zunächst, indem er Kants Philosophie korrigiert und dabei deren Extremstellen vermeidet, betrachtet Natorp den Ausgangspunkt der philosophischen Reflexion als das Faktum der Wissensproduktion. Dieses Faktum jedoch muss nicht als ein einziges, isoliertes Ereignis verstanden werden: Die Ausgangspunkte, über die die Philosophie nachdenkt, um deren Bedingungen der Möglichkeit zu bestimmen, sind vielfältig. Das Faktum wird so zu verschiedenen Fakta.

Zweitens sind diese Fakta keine statischen Entitäten, die einmal für immer festgelegt sind. Im Gegenteil, sie sind in Bewegung. Sie sind dynamisch. Daher muss einer philosophischen Reflexion eine genetische und historische Untersuchung zur Seite gestellt werden, um die Bewegung der Wissensproduktion zu erfassen.

Drittens wird die Produktion von wandelbaren Fakten möglich durch die Handlungen des Subjekts, das Stabilität in die veränderlichen Daten bringt. Der

161 Natorp, 34.
162 Natorp, 34.

Vielfalt der Handlungen und ihrer historischen Kontingenz steht das Fundament des Wissens gegenüber: das Prinzip der Korrelation.

Aus diesem Diskurs ergeben sich zwei methodologische Richtungen, die Natorp hervorhebt. Die transzendentale Befragung bewegt sich:

1. *Von den Objekten zur Herkunft:* Es geht nicht nur darum, was die Objekte des Wissens sind, sondern auch um die Frage, welches grundlegende Prinzip sie verständlich macht. Dieser Übergang wird als Bewegung von den Objekten zum allgemeinen Konzept des Objekts beschrieben.
2. *Von den Prinzipien zum «Prinzip der Prinzipien» (dem Ursprung):* Jedes Prinzip, das von der Wissenschaft oder der Logik verwendet wird, löst ein spezifisches Problem, verweist jedoch immer auf ein tieferliegendes Prinzip. Dies wird als der Übergang «von den Prinzipien [...] zu dem Prinzip, dem Prinzip der Prinzipien, das heißt dem Ursprung» definiert.[163]

Die Logik, gemäß dieser Auffassung, beschäftigt sich nicht einfach mit den Regeln des Denkens (also «von allem Logischen»[164]), sondern fragt danach, wie das Denken selbst funktioniert («vom Logos selbst»[165]), indem sie an die Wurzeln des gesamten Wissens geht. Diese Wurzeln werden in der Beziehung zwischen dem Denken und seinem Objekt identifiziert, die sich im kontinuierlichen Fluss des Wissens manifestiert.

Natorp schließt daher, dass sich Objekt und Ursprung gegenseitig ergänzen: Der Ursprung repräsentiert die «Radix» des Denkens, während das Objekt die Wurzel der Erkenntnisgleichung ist, die niemals endgültig festgelegt werden kann, sondern immer offen für Erweiterungen bleibt. Diese von Natorp hervorgehobenen Punkte erfordern eine Revision des kantischen Systems, wobei die Prämissen dennoch akzeptiert werden.[166]

Dies führt zu einer Lobrede auf die Autonomie und Selbstbestimmung des menschlichen Geistes, um das X des Wissens zu bestimmen. Durch sein Handeln produziert das Subjekt Vermittlungen und somit Kultur. Folglich kann die Philosophie nicht anders, als zur Kulturphilosophie zu werden:

> «Wenn man also, als eine gewichtige neue Forderung, die einer ‹*Kulturphilosophie*› uns entgegenhält, so können wir nur antworten: Wir haben die Philosophie Kants und haben erst recht die Philosophie der transzendentalen Methodik, wie wir sie, von Kant ausgehend, nur strenger und folgerichtiger durchzuführen bemüht sind, von Anfang an so, als Kulturphilosophie, verstanden und ausdrücklich so bezeichnet. Wir denken aber die-

163 Natorp, 34.
164 Natorp, 34.
165 Natorp, 34.
166 Natorp, 34.

> se Kulturphilosophie in keinem Gegensatz sei es zur Naturphilosophie oder zur Naturwissenschaft. *Natur* als Objekt der Philosophie, die Natur eben der Naturwissenschaft, gilt uns selbst, wenn irgendetwas, als eine wesentliche Grundlage humaner Kultur. So weit sind wir davon entfernt, die letztere der Naturwissenschaft als Problem zuzuweisen, daß wir, ganz im Gegenteil, Naturwissenschaft nur als einen, allerdings wesentlichen, Faktor der humanen Kultur unter den Gesichtspunkt der Philosophie stellen.»[167]

In seinen *Vorlesungen über Philosophische Systematik* im Sommersemester 1922/23 treibt Natorp sein Konzept der Pluralität und der Kulturphilosophie weiter voran, indem er es mit dem organischen Lebensbegriff verknüpft. «Philosophie», schreibt Natorp, ist daher «*Besinnung*, und zwar *Besinnung des Lebens selbst* auf nichts anderes als es selbst, das Leben.»[168]

Indem er Goethe zitiert, betont Natorp, «‹im Anfang war die Tat›. Das ist, was ich vorhin ‹Leben› nannte; gemeint war damit eben die Tat, die volle *Aktlebendigkeit*, in der allein das Leben ganz Leben ist.»[169]

Anfang und Tat bleiben auch in den 1920er-Jahren wesentliche Elemente des Lebens und der Philosophie. Nach Natorp ist der Ausgangspunkt des philosophischen Denkens kein statisches oder bereits vollendetes Faktum (Getanes), sondern ein sich ständig entwickelnder Prozess (Fieri), ein ewiges «Sich-tun», das heißt ein unaufhörliches Sich-Verwirklichen. Auf Grundlage dieser Prämissen, die bereits zu Beginn des 20. Jahrhunderts hervorgehoben wurden, kritisiert Natorp Kant scharf dafür, dass dieser die Ganzheit des Lebens in einzelne Fakten zergliedert hat: das Faktum der Wissenschaft, des kollektiven moralischen Bewusstseins, der Schönheit in der Kunst (zu sehr auf bloßen «ästhetischen Genuss» reduziert) und des religiösen Glaubens, den Kant fast ausschließlich auf Ethik stützt. Diese Bereiche bleiben laut Natorp getrennt und starr, unfähig, sich zu verflechten und eine tiefere Einheit des menschlichen Lebens zu schaffen. Die Philosophie sollte sich stattdessen auf die Handlung und die Lebenskraft gründen, die jeden Aspekt der Existenz durchdringt und sie in ein Netz von Beziehungen integriert, die sich gegenseitig bereichern und vertiefen.

In denselben Vorlesungen von 1922 stellt Natorp erneut die entscheidende Frage: Was bedeutet Anfang wirklich? Ein Anfang impliziert eine Fortsetzung (Fortgang) und einen Abschluss (Ausgang). Doch was wird eigentlich begonnen? Warum ist ein Anfang notwendig? Welchem Zweck dient er, und welche Richtung führt zur Problematik der philosophischen Methode «d. h. des gesetzmäßig bestimmten Ganges der Untersuchung, der in sich notwendigen *Linie des Gedankenfortschritts*».[170] Die Methode ist laut Natorp nicht nur ein Verfahren, sondern eine Fortschrittslinie des Denkens, eine notwendige Richtung, der das

---

167 Natorp, «Kant und die Marburger Schule», 218–219.

168 Natorp, *Philosophische Systematik*, 3–4.

169 Natorp, 12.

170 Natorp, 12.

Denken folgen muss, um sich kohärent und sinnvoll zu entwickeln. Die Philosophie muss sich daher auf ein aktives und dynamisches Prinzip stützen, das nicht nur die volle Lebendigkeit des Lebens widerspiegelt, sondern auch die verschiedenen Bereiche des Wissens und der menschlichen Erfahrung zu einer organischen Einheit verbindet. Dies erfordert, den Anfang als einen nie abgeschlossenen Ausgangspunkt zu betrachten, der sich in Richtung eines stetigen und offenen Fortschritts projiziert. Die Tat wird so zum Fundament für eine Methode, die das Leben selbst widerspiegelt – als einen Prozess des fortwährenden Werdens.

Dennoch zeigt Natorp zwar, dass die Gegebenheit ein Problem darstellt, untersucht sie jedoch nicht hinreichend. Er hinterfragt nicht, ob in der Gegebenheit Strukturen vorhanden sind, die unabhängig vom Handeln des Subjekts existieren. Anders gesagt, er befasst sich nicht ausreichend mit den Problemen der dritten Kritik Kants: mit dem Problem des Symbols als Beispiel einer Handlung, die sich dem Ursprung im Subjekt entzieht. Dies wird zum zentralen Punkt in der Suche nach einem neuen methodologischen Anfang, wie er von Edmund Husserl vorgeschlagen wird.

# 4. Am Anfang ist die Tat, die die unklare Absicht konkretisiert und zur Umsetzung führt

«Beginnen wir unseren neuen Weg, indem wir der ‹Lebenswelt› als dem allgemeinen ‹Boden› menschlichen Weltlebens nun ein ausschließliches, konsequent theoretisches Interesse zuwenden, und zwar gerade der Weise, wie ihr diese allgemeine ‹Boden›-Funktion eignet. Da wir uns in der Weltliteratur vergeblich nach Untersuchungen umsehen, die uns als Vorarbeiten dienen könnten – Untersuchungen, die diese Aufgabe als die einer eigenen Wissenschaft erfaßt hätten. So müssen wir selbst völlig neu anfangen.»

E. Husserl, *Krisis der europäischen Wissenschaften und die transzendentale Phänomenologie*, 168.

«Das geschieht, wie bei allen prinzipiell neuartigen Aufgaben, bei welchen nicht einmal eine Analogie leiten kann, in einer gewissen unvermeidlichen Naivität. Am Anfang ist die Tat. Sie macht die noch unsichere Vorhabe bestimmter und zugleich immer klarer an Stücken gelingender Durchführung.»

E. Husserl, *Krisis der europäischen Wissenschaften und die transzendentale Phänomenologie*, 168.

Der Zusammenhang zwischen Handlung und Anfang bei der Begründung einer Methode zur Untersuchung, wie wir die Welt kennen, erkennen und welche Regelmäßigkeiten unseren Wahrnehmungsprozessen innewohnen, nimmt eine besondere Wendung in der Philosophie von Edmund Husserl (1859–1938). Der österreichisch-deutsche Philosoph war überzeugt, dass zur Begründung dessen, wie wir die Welt erfahren und damit erkennen, ein neuer methodologischer Anfang notwendig sei. Dieser neue Anfang muss zeigen, wie die Akte unserer Erfahrungsaktivität grundlegend sind, um den Sinn und die Dynamik der Lebenswelt zur Manifestation zu bringen. Dies geschieht jedoch nicht unabhängig vom erkennenden Subjekt. Vielmehr ist es immer das Korrelat unserer Handlungen. Wie Husserl schreiben wird: *Ego cogito cogitata qua cogitata* – ich denke die Gedachten als Gedachte. Der radikale Anfang öffnet also den Weg zu einer Methode, die für Husserl innovativ ist und die Philosophie als eine strenge Disziplin etabliert: In der Beschreibung unserer Handlungen können wir die Gesetze identifizieren, die unser Verhältnis zur Welt (und deren Erkenntnis) beherrschen. Der Anfang muss daher auf genealogische Weise gesucht werden, durch eine rückwärtsgewandte Frage, mit der die wechselseitige Abhängigkeit zwischen unseren Handlungen und den vom Subjekt unabhängigen Strukturen erfasst werden kann. *Zurück zu den Sachen, um die Bedingungen ihres Erscheinens zu zeigen*, würde Husserl sagen.

In diesem Kapitel skizziere ich diese dritte Bedeutung des Verhältnisses zwischen Anfang, Fundament und Handlung durch das Projekt der phänomenologischen Philosophie Husserls. Nachdem ich aufgezeigt habe, aus welchen Gründen Husserl in der Geschichte der Philosophie nur wenige (oder, in Husserls rhetorischen Worten, überhaupt keine) Bezugspunkte im Verhältnis zwischen Anfang, Fundament und Handlung finden kann, werde ich mich auf die phänomenologische Methode konzentrieren und darauf, wie sie für das anschließende Philosophieren verwendet werden kann: Die Phänomenologie hilft, regionale Ontologien mit klaren Strukturen zu identifizieren, die jedoch mit unseren Wahrnehmungsakten verbunden sind, sich aber nicht von diesen in Form bringen lassen.

*Im Anfang war die Tat*, da die Handlung die Autonomie des Objekts zur Manifestation bringt, auf das sie gerichtet ist. In dieser Interaktion begründet Husserl eine Theorie der Erfahrung, die für unser Verständnis der Welt unverzichtbar ist. Diese kann als eine Beschreibung des «Ganzen der Verbindungen und Strukturen, die den Sinn und die Möglichkeit der Erfahrung selbst bestimmen», verstanden werden.[171] Die nicht einfache Lösung muss zunächst eine endgültige und vollständige Rückkehr zu Kant darstellen, eine Rückkehr, die jedoch als eine klare und endgültige Stellungnahme und Ablehnung verstanden werden muss. Husserl will Kant also nicht korrigieren oder mit Kant über Kant hinausgehen. Im Gegenteil, er möchte die nicht hinterfragten Voraussetzungen der kantischen Reflexion aufzeigen und auf dieser Grundlage einen neuen Anfang begründen.

Dieses Kapitel ist in zwei Abschnitte unterteilt. Der erste, eher historische und einführende, der zweite, stärker theoretische, folgt dem Verhältnis zwischen Philosophiegeschichte und theoretischer Philosophie, das ich in der Einleitung dieses Buches dargelegt habe. Im ersten Teil vertiefe ich die Bedeutung der Phänomenologie von Husserl im Hinblick auf die Neubewertung des kantianischen Konstruktivismus und die Rolle der Vernunft. Der erste Abschnitt untersucht das Verhältnis von Erfahrung und Methode bei Kant, wobei die Grundlagen seines apriorischen Ansatzes hervorgehoben werden und wie dieser die Konstitution des Wissens beeinflusst. Anschließend wird der Blick auf Husserl gerichtet,

171 Vgl. Spinicci, *Sensazione, percezione, concetto*; Spinicci, «Analitico e sintetico. Lezioni su Kant, Husserl»; Costa, *Il cerchio e l'ellisse. Husserl e il darsi delle cose.*

der die Grenzen des kantianischen Denkens kritisiert und das Problem der Genese des Sinns sowie der objektiven Konstitution einführt, ein Thema, das Ursprung und Entwicklung des Wissens miteinander verbindet. Im zweiten Abschnitt werde ich untersuchen, wie Husserl und seine Nachfolger die kantianischen Konzepte neu interpretiert haben, wobei der dynamische und prozessuale Charakter der Konstruktion der Realität im Gegensatz zur Starrheit des kantianischen Systems betont wird. Dieser Weg führt den Leser durch einen kritischen Dialog zwischen Kant und Husserl und zeigt auf, wie die Phänomenologie die Begriffe von Struktur, a priori und Sinn neu definiert und neue Perspektiven auf das Verhältnis zwischen Subjekt und Welt bietet. Schließlich wird im dritten Abschnitt, Konstruktion und Natorp, der kritische Dialog von Husserl mit dem Kantismus und Neukantianismus, insbesondere mit Paul Natorp, vertieft, um die genetische Methode Husserls und ihre radikale Unterscheidung von der transzendentalen Philosophie herauszustellen. Durch diese drei Abschnitte wird der Leser auf einen Weg geführt, der die Originalität des husserlschen Beitrags zur Ausarbeitung einer Phänomenologie als Methode zur Analyse dessen, was am Anfang steht – nämlich die Sachen selbst – hervorhebt.

Im zweiten Teil des Kapitels untersuche ich die beiden Hauptansätze, die das phänomenologische Denken von Edmund Husserl strukturieren: die «statische Methode» und die «genetische Methode», die die evolutiven Phasen seines Denkens darstellen. Danach gehe ich auf die Entwicklung des husserlschen Denkens mit dem genetischen Ansatz ein, der sich auf die Genese der Phänomene und ihre Konstitution konzentriert. Genese wird als der Prozess verstanden, der die sedimentierte Geschichte der Bedeutungen und die aktive Rolle des Subjekts bei der Sinngebung der Erfahrung offenlegt und untersucht, wie das «für uns» in der Konstitution von Urteilen hervortritt. Schließlich werden wir die Beziehung zwischen diesen beiden Ansätzen analysieren, wobei besonderes Augenmerk auf das Zusammenspiel von Passivität und Aktivität in der Genese der Phänomene sowie auf die Bedeutung des Subjektbegriffs gelegt wird, der in beiden Ansätzen eine zentrale Rolle bei der Formung und Bedeutungsgebung der Welterfahrung spielt. In dieser Analyse wird die Zentralität der Handlung des Subjekts und das Verhältnis zwischen Subjekt und der Dynamik der Sachen selbst hervortreten.

## Philosophie der Erfahrung: Husserls Antwort auf den Konstruktivismus

### Die formale Notwendigkeit und der Konstruktivismus der Vernunft bei Kant

In den vorangegangenen Kapiteln wurde der allgemeine Geist der *Kritik der reinen Vernunft* untersucht, wobei der Akzent auf der transzendentalen Methode und dem Verhältnis zwischen Handlung und Anfang sowie der Entwicklung des Wissens lag. Der Beginn und die Entwicklung des kantischen Denkens verlaufen in einem unaufhörlichen Vergleich, Konflikt und Durcheinander zwischen der Erfahrung – mit der Erfahrung *a priori*, die in ihr gesucht werden muss – und der Methode der wissenschaftlichen Entdeckung. Diese nicht eindeutige Trennung der Ebenen ist der Punkt, an dem Cohen, Natorp und, wie wir noch sehen werden, Cassirer versuchen werden, das kantische und transzendentale Paradigma der Erkenntnis zu aktualisieren. Für sie wird es erneut die Notwendigkeit einer «Rückkehr zu Kant» geben, um explizit zu machen, was unter den Begriffen *a priori*, Struktur und Konstitution zu verstehen ist, und zu zeigen, wie diese Konzepte – teils mit neuen und anderen Bedeutungen integriert – in einer Philosophie der Erfahrung verwendet werden können, wie sie von Husserl in seiner Phänomenologie vorgeschlagen wird. Der deutsche Philosoph Friedrich Ernst Otto Liebmann (1840–1912) hielt die «Fehler» Kants für einen echten Maßstab, um die Antworten und den Fortschritt der nachfolgenden Systeme zu bewerten. Auch wir wollen zunächst betrachten, wie sich die Begriffe entwickelt haben und welche Probleme sich daraus ergaben.

Der älteste Gebrauch des Gegensatzes zwischen *a priori* und *a posteriori* reicht bis ins Mittelalter zurück und steht in direktem Zusammenhang mit der aristotelischen Unterscheidung zwischen «vorrangig von Natur aus» und «in bezug auf uns»:[172]:

> «Ich nenne dabei in bezug auf uns vorrangig und bekannter das der Wahrnehmung Nähere, schlechthin vorrangig und bekannter dagegen das Entferntere. Es ist aber am entferntesten das Allgemeinste, am nächsten jedoch das Einzelne, und diese sind einander entgegengesetzt.»[173]

Erst – einerseits – mit Leibniz in den *Neuen Abhandlungen über den menschlichen Verstand* (1703), in der *Monadologie* (1714) und – andererseits – mit dem englischen Empirismus von Locke und Hume erhalten die Begriffe eine allgemeine und strenge Bedeutung, wie sie dann nahezu unverändert in Kant übergehen. Dennoch bleibt der ursprüngliche Sinn, den Aristoteles ihnen verlieh, be-

172 Aristoteles, *Zweite Analytik*, I, 2. 72a.

173 Aristoteles, I, 2. 72a.

stehen: Wenn ein Wissen mit Sinneswahrnehmungen vermischt ist, so ist es *a posteriori*.

In dieser Perspektive muss auch die Polemik über den Inatismus verstanden werden, die Leibniz und Locke einander gegenüberstellte. Die angeborenen Elemente sind vollkommen frei von Sinneseindrücken und können daher als *a priori* definiert werden.

Kant schließt sich genau dieser Diskussion an. Er erklärt «in der Erscheinung nenne ich das, was der Empfindung korrespondiert, die *Materie* derselben, dasjenige aber, welches macht, daß das Mannigfaltige der Erscheinung in gewissen Verhältnissen geordnet werden kann, nenne ich die *Form* der Erscheinung».[174]

In der *Kritik der reinen Vernunft* definiert Kant *a priori* als das, was universell und notwendig ist, und – wie bereits betont – dieses unterscheidende Merkmal lässt sich in keinem rein empirischen Prozess finden: Universalität ist in der Erfahrung nur relativ und vergleichend; in ihr gibt es keine Gesetzmäßigkeit. Diese ist nicht in den Sinneswahrnehmungen vorhanden, sondern nur im formalen Bereich identifizierbar.

Es bedarf einer kurzen Vorbemerkung – bereits im ersten Kapitel ausgeführt –, die die Lesenden immer wieder im Gedächtnis behalten sollten, um das gesamte kantianische Denken nicht misszuverstehen. Die Erfahrung erscheint stets als ein synthetisches Ganzes, ununterscheidbar in Form und Materie. Wir nehmen nicht zuerst isolierte Sinneseindrücke wahr, um sie später in Raum, Zeit und die zwölf Kategorien einzuordnen, sondern wir treten immer schon mit Kategorien in Beziehung zu den Phänomenen, die nur durch einen abstrahierenden, beschreibenden Prozess isoliert werden können.

Doch sofort stellt sich die Frage, ob die Unmöglichkeit, mittels eines *a posteriori* und abstrahierenden Verfahrens ein absolut universelles Kennzeichen in den Daten der Erfahrung zu finden, vollständig auf die subjektive und endliche Natur unseres Blicks zurückzuführen ist oder ob sie vielmehr von der Materie selbst diktiert wird. Die Antwort darauf ist das Produkt nicht untersuchter Voraussetzungen und der unkritischen Annahme des Begriffs der Empfindung: Die nicht im intuitiven Bereich auffindbare Notwendigkeit entspringt gerade dem chaotischen Zustand der Materie, oder besser gesagt, diese chaotische Notwendigkeit ist der nicht reduzierte Inhalt der Erfahrung. Sie ist die Empfindung, und im Gegensatz dazu kann Notwendigkeit und Universalität nur in unserem – im transzendentalen Sinne verstandenen – Blick prädiziert werden.

Bereits im ersten Kapitel wurde darauf hingewiesen, wie Kant unkritisch die Empfindungen übernimmt, die ihm der Empirismus als isolierte Atome übergibt, die in der Subjektivität auftreten. Aber es ist gut, dies zu wiederholen, denn gerade dadurch wird die Einführung des *a priori*-Themas verständlich.

174 Kant, *Kritik der reinen Vernunft*, B 34/A 20. Hervorhebungen im Original.

Der Anfang der *Einleitung zur Kritik der reinen Vernunft* hat bereits die Notwendigkeit einer formalen Integration der Erfahrungen signalisiert: Die Materie verlangt nach einer Konstitution und einer Konstruktion, denn obwohl das Wissen aus der Erfahrung beginnt, geht nicht alles daraus hervor.

Dem Blick auf die Inhalte der Erfahrung, der ein unkritisches Chaos offenbart, folgt unmittelbar eine noch schärfere Identifizierung von *a priori* und formal. Wenn im Datensatz der Empfindung keine Universalität und Notwendigkeit zu finden ist, muss ein weiterer Schritt getan werden, und es muss verstanden werden, dass es konstruktive Regeln, Funktionen gibt, die es ermöglichen, die Schwierigkeit der Daten zu überwinden. Im projektiven Charakter der Vernunft, dem Ort, an dem historisch Notwendigkeit und Universalität sowie Weisheit wohnen – man denke an die mythologische Geburt der Athene, wie sie bei Hesiod erzählt wird –, liegt das Geheimnis des *a priori*, das nun als das Set von Gesetzen definiert werden kann, das die Subjektivität Schritt für Schritt in die Konstruktion stabiler und permanenter Objektualität führt, und das den konstruktivistischen Bewegungsprozess mittels eines hypothetischen Imperativs diktiert. Wenn du also wahrnehmen willst, musst du Schritt für Schritt diese konstruktiven Regeln befolgen. Wenn du Geometrie verwenden willst, musst du so und so verfahren. Wiederum, am Anfang war *die Tat*.

Innerhalb dieses konstruktivistischen Charakters der Vernunft, die sich im ordnenden Intellekt manifestiert, muss eine feine Unterscheidung zwischen Konstruktion und Konstitution getroffen werden: Der erste Begriff ist ausschließlich der Meta-Mathematik und der Meta-Geometrie vorbehalten, der zweite der Physik und der physischen Welt im weiteren Sinne.

Dass gerade dieser konstruktive Ansatz Kant in seinen meta-geometrischen und meta-mathematischen Überlegungen leitet, wird durch das bestätigt, was er in der bereits zitierten *Vorrede zur zweiten Auflage* erklärt:

> «Dem ersten, der den *gleichseitigen Triangel* demonstrierte (er mag nun *Thales* oder wie man will geheißen haben), dem ging ein Licht auf; denn er fand, daß er nicht dem, was er in der Figur sahe, oder auch dem bloßen Begriffe derselben nachspüren und gleichsam davon ihre Eigenschaften ablernen, sondern durch das, was er nach Begriffen selbst a priori hineindachte und darstellete (durch Konstruktion), hervorbringen müsse, und daß er, um sicher etwas a priori zu wissen, er der Sache nichts beilegen müsse, als was aus dem notwendig folgte, was er seinem Begriffe gemäß selbst in sie gelegt hat.»[175]

Durch die Konstruktion erhält das, was in der Figur gesehen wird, einen wahrnehmbaren Charakter, indem es sich von einem bloßen Komplex von Sinneseindrücken zu einer stabilen Wahrnehmung transformiert. Insbesondere beim Lesen der Postulate Euklids entsteht der Eindruck – den auch Kant selbst hatte – von Projektion und Konstruktion: Jede/r LeserIn würde Schritt für Schritt

175 Kant, B XI–XII. Hervorhebungen im Original.

den Anweisungen folgen, die im fünften Postulat Euklids enthalten sind, und in sich eine Linie nachzeichnen, während er/sie den Satz ausspricht. Das Postulat lautet: Wenn eine gerade Linie zwei andere Geraden schneidet und die inneren Winkel auf einer Seite zusammen weniger als zwei rechte Winkel ergeben, dann schneiden sich diese beiden Geraden auf derselben Seite, wenn sie unendlich verlängert werden.

Die Konstruktion bildet somit die Grundlage der idealen Entitäten und ermöglicht in Form der Konstitution die Wahrnehmung: «so müssen alle möglichen Wahrnehmungen, mithin auch alles, was zum empirischen Bewußtsein immer gelangen kann, d.i. alle Erscheinungen der Natur, ihrer Verbindung nach, unter den Kategorien stehen».[176]

Wahrnehmung ist stets eine komplexe Tätigkeit, die niemals ohne einen konstruktivistisch-konstitutiven kategorialen Beitrag erfolgt: Kant «begreift, dass wir, um manche Dinge wahrzunehmen, mehr als nur in einer passiven Beziehung zur Welt stehen müssen. Das bedeutet, Wahrnehmung wird nicht nur durch Empfindungen oder empirische Anschauung konstituiert. Um einen Tisch wahrzunehmen, brauchen wir mehr als Eindrücke, mehr als das, was Kant die Mannigfaltigkeit der Anschauung nennt.» Und weiter: «Wahrnehmung ist das Ergebnis der Zusammenarbeit von Empfindungen, Vorstellungskraft und Verstehen.»[177] Die Empfindungen sind daher weder Wahrnehmungen noch, erst recht, Anschauungen:

> «Der Unterschied zwischen Anschauung und Empfindung besteht (1) darin, dass die Anschauung ein Bewusstsein des Objekts ist, das durch die Empfindung vermittelt wird, und (2) im damit verbundenen Punkt, dass die Anschauung selbst in Materie und Form analysiert werden kann, wobei die Empfindung die Materie liefert.»[178]

Die Schlussfolgerung, von der meine philosophische Analyse fortgesetzt werden kann, lautet wie folgt: Das Merkmal der Apriorität kommt nur jenen Komponenten zu, die von den Sinneseindrücken entfernt sind, also jenen formalen Strukturen. Diese ziehen ihren Sinn, obwohl sie von der Subjektivität abhängen, aus einer konstruktiven ästhetischen Praxis (die sich auf das reine Mannigfaltige

176 Kant, B 165.

177 «Kant realises that in order to perceive somethings we need to do more than stand in merely passive relationship to the world. Perception, that is to say, is not constituted solely by sensation or empirical intuition. To perceive a table we need more than a set of impression, more than what Kant calls the manifold of appearance» und somit «perception is the result of working of sensation, imagination and understanding together.» Hamlyn, *Sensation and perception: a history of the philosophy of perception*, 139.

178 «The difference between the intuition and the sensation is constituted by (1) the fact that intuition is awareness of the object meditated by the sensation, and (2) by the connected point that intuition itself may be analyzed into matter and form, of which the sensation provide the matter.» Hamlyn, 133.

bezieht, wenn sie auf die Mathematik gerichtet ist, oder auf das empirische Mannigfaltige, wenn sie sich auf die physische Wahrnehmung bezieht). Sie ermöglichen, durch ein Gefüge hypothetischer Relationen, die schrittweise geführte Konstruktion von Objektivität und möglicher Aussagefähigkeit. Auf diese Weise betten sie die Natur in ein Geflecht von Wahrnehmungsurteilen ein oder, wie Kant in den *Prolegomena* sagt, in Erfahrung: Die formalen Bedingungen der Möglichkeit werden in diesem Prozess zu etwas Lebendigem und verlieren den Anschein willkürlicher Formen.

Es ist jedoch noch notwendig, auf den konstruktiven und projektiven Charakter der vollständig formalen Bestimmung des Apriori zu beharren (eine Auffassung, die, wie im vorigen Kapitel gezeigt wurde, auch von Natorp geteilt wird).

Kant definiert, wie bereits erwähnt, das Apriori als dasjenige, was notwendig und universal ist. Der Begriff der *Notwendigkeit* ist von grundlegender Bedeutung, da sie universal und absolut ist oder, wie der Wortstamm andeutet, «gelöst»: Die Kategorien benötigen keine Bedingungen für ihr Bestehen; sie gründen vollständig auf sich selbst, obwohl Kant sie aus der formalen Logik abgeleitet hat. Der deutsche Physiker, Philosoph und Logiker Hans Reichenbach (1891–1953) bemerkt diesbezüglich in seiner Schrift *Relativitätstheorie und Erkenntnis apriori* (1920), dass «[j]ede Erfahrungserkenntnis als Erkenntnis bereits durch eine solche Einordnung zustande gekommen [ist], kann also niemals einen Gegenbeweis für die Ordnungsprinzipien darstellen. Darum haben diese apodiktische Gültigkeit. Sie gelten, solange die menschliche Vernunft sich nicht ändert, und in diesem Sinne ewig.»[179]

Dennoch erschien das deduktive Verfahren, das Kant zur Erfassung der Kategorien heranzieht, zahlreichen KritikerInnen seit dem Erscheinen der ersten Ausgabe seines Werks als unzureichend und konstruiert.

Das «absolute», losgelöste Sein gewinnt seine Bedeutung und Verständlichkeit nur durch seine konstruktive Anwendung auf das empirische Feld. Hier berührt das Apriori das Transzendentale, ohne jedoch mit ihm gleichgesetzt zu werden.

Aus dieser Konzeption ergibt sich jedoch ein Problem:

> «Die Postulate und Definitionen der Geometrie beschreiben nicht den erfahrbaren Raum, sondern konstruieren einen logisch-geometrischen Raum – sie schaffen ihn, indem sie eine neue, propositionale Form für eine Konstruktion bereitstellen, die den Fragen der Wahrnehmungserfahrung gerecht werden soll.»[180]

Kant legt also dem wahrnehmbaren Raum eine Methode und ein formales Apriori zugrunde, das zwar im logisch-geometrischen Raum volle Gültigkeit be-

179 Reichenbach, *Relativitätstheorie und Erkenntnis Apriori*, 55.

180 Spinicci, «Analitico e sintetico. Lezioni su Kant, Husserl», 200. Meine Übersetzung.

sitzt, aber auf die unmittelbar wahrnehmbaren Daten zunächst keine Anwendung findet.

Die Starrheit des Kategoriensystems bereitet einerseits wenige Schwierigkeiten beim Übergang von der Wahrnehmung eines Tellers etwa zur Vorstellung eines Kreises – also vom Bereich der Erfahrung zur geometrischen Wissenschaft. Andererseits verhindert sie, die komplexen Unterschiede zwischen den Strukturen der Erfahrung und der Wissenschaft herauszustellen. Der Übergang zwischen diesen Ebenen verliert sich in einer statischen strukturellen Identität, wodurch sie in einem isomorphen Apriori zusammenfallen.

Der Vorwurf der Starrheit des kategorialen Systems war historisch der erste große Kritikpunkt, den Kants Zeitgenossen erhoben. Seitdem wurde versucht, das Kategoriensystem oder sogar mehrere solcher Systeme zu dynamisieren (wie bereits im vorherigen Kapitel dargestellt). Doch die Dynamisierung der Strukturen bedeutete nicht immer, die Unterschiede zwischen der logischen und der ästhetischen Ebene zu erfassen, ohne in eine einfache Dichotomie zu verfallen.

Die gleichen Einwände, die der logische Empirismus gegen das kantische synthetische Apriori erhebt, betreffen ausschließlich die Strukturen im Bereich der sogenannten Logik der wissenschaftlichen Entdeckung, nicht jedoch eine Lehre der Erfahrung. So betont Moritz Schlick, dass «alle Urteile der Wissenschaft entweder Definitionen oder Hypothesen sind»,[181] und er fügt hinzu, dass «jene konstitutiven Prinzipien entweder Hypothesen oder Konventionen sind; im ersten Falle sind sie nicht a priori (denn es mangelt ihnen die Apodiktizität), im zweiten sind sie nicht synthetisch».[182] Reichenbach hält es für möglich, dass das kantianische «starre[...] Apriori erst mit der Entdeckung dieses Verfahrens durch die Physik widerlegt werden [konnte]».[183]

Gleiches gilt für die Überlegungen einiger PhilosophInnen, die sich auf die Experimente der sogenannten Neurowissenschaften stützen. Ein Ergebnis dieser bedeutenden Disziplinen informiert uns darüber, dass Ausdehnung und Farbe in zwei deutlich getrennten Bereichen des Gehirns verarbeitet werden, was ihr unabhängiges Bestehen zeigt. Dieses Urteil widerspricht jedoch keineswegs der Erfahrungsweise, da Farbe und Erweiterung für uns als wahrnehmende Subjekte Sinn machen als Teile, die voneinander abhängen und in dieser Struktur in jeder möglichen Erfahrung gegeben sind.

Die Rückkehr zu Kant ist daher nur ein propositionaler Neubeginn für Husserl: Einerseits wird der Fokus auf die Verdienste Kants gelegt, wie zum Beispiel die Vorstellung des konstitutiven-strukturellen und transzendentalen *A priori*; andererseits ist es ein neuer Anfang, der die Fehler der Methodologie, die Verwirrung der Ebenen und die vollständige Identifikation zwischen Formalem

181 Schlick, *Allgemeine Erkenntnislehre: Abteilung I/*, 278.

182 Schlick, «Kritizistische oder empiristiche Deutung der neuen Physik?», 99.

183 Reichenbach, *Relativitätstheorie und Erkenntnis Apriori*, 69.

und *A priori* korrigiert, indem er die unaussprechliche und unerforschte Prämisse – die Unbekannte x des empirischen Vielen – von Kant untersucht.

## Strukturen und *A priori*

Der Ausgangspunkt von Husserls Ansatz liegt in jener bewussten oder unbewussten Unterscheidung Kants zwischen Konstruktion und Konstitution: Die physische Erfahrung muss rational gegründet werden, indem ihre Struktur gesucht wird. Husserl warf Kant 1908 vor, nicht bis zum speziell transzendentalen Problem der Konstitution vorgedrungen zu sein. Diese Konstitution impliziert in ihrem ursprünglichen und tiefen Sinne einen Ausgangs- und Endpunkt, einen Ursprung und ein Konstituiertes. Dies ruft unvermeidlich einen Prozess, eine Bewegung, ein Werden, eine Geschichte hervor oder, mit anderen Worten, eine Genese des Sinns, die gesucht werden muss. Wenn dies jedoch der Anfang sein soll, stellt sich sofort die Notwendigkeit, besser zu (re-)definieren, was unter Struktur, *A priori* und Sinn zu verstehen ist.

Es gibt eine Korrelation zwischen dem Begriff *A priori* und dem Begriff *Struktur:* Wo es eine Struktur gibt, gibt es de facto auch eine Notwendigkeit, und unsere eigene sprachliche Verwendung der Worte drängt uns, dieses nicht diskrete Verflechten der Bedeutungen zu erkennen.

Die Notwendigkeit – wie bereits im vorherigen Kapitel erwähnt – muss jedoch von der vollständigen Identifizierbarkeit mit der Form oder, anders ausgedrückt, von der konstruktivistischen Fähigkeit der Subjektivität, selbst wenn sie transzendental verstanden wird, entkoppelt werden. Niemand würde leugnen, dass es eine gewisse Notwendigkeit in einem Urteil der Form «Alle Junggesellen sind nicht verheiratet» oder in «7 + 5 = 12» gibt. Ihr So und notwendigerweise Sosein hängt von dem ab, was Husserl in den *3. Logischen Untersuchungen*, in Anlehnung an die Definition von Analytizität und Analytizität im engen Sinne des römisch-katholischen Priesters, Philosophen und Mathematikers Bernard Bolzano (1781–1848), als *die Möglichkeit einer vollen Formalisierung* bezeichnet.

Urteile wie «Alle Junggesellen sind unverheiratet» oder «7 + 5 = 12» sind laut Husserl Sätze, «welche eine von der sachlichen, Eigenart ihrer (bestimmt oder in unbestimmter Allgemeinheit gedachten) Gegenständlichkeiten und von der evtl. Faktizität des Falles, von der Geltung der evtl. Daseinssetzung völlig unabhängige Wahrheit haben».[184] Analytische Sätze sind «also Sätze, die sich vollständig ‹formalisieren›».[185]

184 Husserl, *Logische Untersuchungen*, 259.

185 Husserl, 259.

Anders verhält es sich bei Sätzen wie «Jeder Klang hat eine Tonhöhe» oder «Es gibt keine Farbe ohne Ausdehnung»: Diese Urteile gründen sich auf Strukturen, die vollständig von der jeweiligen Beschaffenheit des Materials abhängen, das heißt, sie hängen von der spezifischen Natur der Inhalte ab.

Daraus geht nach Husserl hervor, dass die «analytisch-formale Wissenschaftslehre die Idee einer Wissenschaftslehre überhaupt ausfüllt, oder ob nicht die analytisch-formale durch eine *materiale* Wissenschaftslehre ergänzt werden muß. Das Eigentümliche der Analytik, das ihren Formbegriff bestimmt, ist ja dies, daß sie die in den möglichen Urteilen und Erkenntnissen an bestimmte Gegenstands-sphäre bindenden ‹Kerne› (die ‹Erkenntnismaterien›) zu *beliebigen*, nur als identisch festzuhaltend gedachten Kernen macht, zu Modis des Etwas überhaupt. Ist, wenn wir in diese in leerer Allgemeinheit gehaltenen Kerne wieder Fülle einströmen lassen, nicht vielleicht ein sachhaltiges Apriori zu gewinnen, das von universaler wissenschaftstheoretischer Bedeutung ist?»[186]

Auf der einen Seite stehen die materialen Strukturen; auf der anderen Seite steht eine bloße essenzielle Form, die zwar zweifellos eine Struktur ist, jedoch eine vollkommen leere Notwendigkeit darstellt. Diese Strukturen werden aus den Dingen selbst erfasst, und diese notwendige Struktur, also das Apriori, ist sowohl material als auch formal.

Auch in der Philosophie Kants konnten Strukturen als das definiert werden, was im eigentlichen Sein eines Individuums als sein «quid» liegt. Doch diese Strukturen besaßen lediglich einen formalen Status und wurden gewissermaßen *a priori* von einer transzendentalen Subjektivität synthetisiert. Es gibt jedoch einen feinen, aber wesentlichen Unterschied in der Verwendung und damit in der Definition des Begriffs *a priori*, den es zu beachten gilt.

Kant verankerte das Merkmal der absoluten Universalität und Notwendigkeit in der Vernunft, da diese mit ihren unerforschlichen und statischen Formen eine geordnete Erfahrung ermöglicht. Nun soll eine kleine, aber entscheidende Änderung vorgenommen werden: Reichenbach behauptet, dass das *a priori* sowohl als das definiert werden kann, was den Begriff des Objekts konstituiert, als auch als das, was von jeglicher möglichen Erfahrung unabhängig ist. Er akzeptiert die erste Bedeutung und lehnt die zweite entschieden ab. Reichenbach möchte dem Apriori das Siegel einer rein rationalen Struktur entziehen. Das Apriori ist nur dann auffindbar, wenn Erfahrungsobjekte vorhanden sind: Es wird relativ zum Erscheinen von Objektivität und gehört vollständig zu dieser.

Die Phänomenologie Husserls teilt diese Auffassung in Bezug auf den Gebrauch des Begriffs im Neopositivismus. Die bisher skizzierte Vorstellung einer materiellen Struktur steht in offenem Widerspruch zu der von Kant vorgeschlagenen und ist bereits seit den *Logischen Untersuchungen* präsent. Es sei noch-

186 Husserl, *Formale und transzendentale Logik. Versuch einer Kritik der logischen Vernunft*, 134. Hervorhebungen im Original.

mals betont, dass Husserl Kants Definition des synthetischen Apriori als «keineswegs klassisch»[187] bezeichnet, womit er klarstellt, dass diese nicht als konstante Referenz für zukünftige Untersuchungen der Dinge selbst herangezogen werden sollte. In den letzten Seiten desselben Werks erklärt er zudem, dass «ihm [d.h. Kant] also der phänomenologisch echte Begriff des Apriori gefehlt hat».[188]

## Wesen und Strukturen

Wie bereits erwähnt, ist einer der Schlüsselbegriffe Husserls «Wesen» oder, anders formuliert, «Struktur»: «Das Wort ‹Struktur› verweist auf die Idee eines Gerüsts, eines inneren Schematismus, einer Weise des inneren Baus, kurz auf die Idee einer charakteristischen Gestalt, die – meiner Meinung nach – direkt zum erstrebten Ziel der phänomenologischen Untersuchung führt.»[189]

Strukturen können sowohl materiell als auch formal sein – an diesem Punkt unserer Erörterung können Strukturen sowohl materiell als materiell und formal betrachtet werden – und bilden die transzendentalen Grundlagen der Erfahrungswelt. Mit Husserl erreichen die Begriffe «transzendental» und «*A priori*» eine vollständige Übereinstimmung. Es ist kein Zufall, dass sich die sogenannte «transzendentale Wende» der Phänomenologie mit der Erforschung von Essenzen beschäftigt. Das Forschungsobjekt der phänomenologischen Untersuchungen dient gleichzeitig als Definition dieser Disziplin.

Diese Essenzen sind zwangsläufig dynamisch und ordnen sich in eine hierarchische Skala ein. Anders ausgedrückt, bestimmen die Objekte selbst die strukturellen Regionen, durch die die Welt ideal unterteilt und korrekt als Gegenstand von Prädikationen dargestellt werden kann. «Klangliche» Objekte weisen notwendigerweise eine andere materielle Struktur auf als «farbliche» Objekte, obwohl beide zur gleichen ontologischen Region gehören, im Gegensatz zum Objekt «Psyche». Der Begriff «Region» ist deshalb «nichts anderes als die *gesamte zu einem Konkretum gehörige oberste Gattungseinheit*, also die wesenseinheitliche Verknüpfung der obersten Gattungen, die den niedersten Differenzen innerhalb des Konkretums zugehören».[190]

Wie im vorherigen Kapitel beschrieben, entspricht dieser Schichtung des Seins, die sich vollständig auf der Ebene der Erfahrung entfaltet, eine ontologische Ebene, die gleichzeitig aus ihr hervorgeht. Mit dem Begriff ontologisch ist nichts anderes gemeint als die Beschreibung und Explikation der komplexen

187 Husserl, *Logische Untersuchungen*, 260.

188 Husserl, 733.

189 Piana, «Die Idee eines phänomenologischen Strukturalismus», 113.

190 Husserl, *Ideen zu einer reinen Phänomenologie und phänomenologischen Philosophie. Erstes Buch*, 36. Hervorhebungen im Original.

Zusammenhänge, die in unterschiedlichen Verbindungsmodi konkrete Ganzheiten bilden. Auf der einen Seite stehen die formalen Ontologien. Ihnen liegt eine Essenz oder, besser gesagt, eine formale Struktur zugrunde. Diese Struktur stellt eine Art Leerform dar, die sich auf alle möglichen Seinsweisen anwenden lässt – ein Wesen, das in seiner Form auf vielfältige Inhalte passt.[191] Auf der anderen Seite stehen die materialen Ontologien. Diese bilden *«‹synthetische› Wesenswahrheiten, d. h. solche, welche in ihm als diesem Gattungswesen gründen, nicht aber bloße Besonderungen formal-ontologischer Wahrheiten sind».*[192]

Husserls Versuch, die materialen Strukturen zu untersuchen, erinnert unmittelbar an den Beginn der Philosophie von Johann Friedrich Herbart (1776–1841), einem der wenigen Philosophen, die Husserl gut bekannt waren. Herbart äußert ein scharfes und kritisches Urteil über Kants Übergang von den Formen des Urteils der bloßen Logik zu den metaphysischen Begriffen und betont die Notwendigkeit, die Forschung «von unten» zu beginnen, das heißt, von der Analyse der gegebenen Erfahrung auszugehen: Die Formen der Erfahrung sind überall vorgegeben, weshalb die Analyse von der spezifischen Eigenart der einzelnen Dinge ausgehen muss, indem aufgezeigt wird, wie bestimmte Bedingungen im Gegebenen selbst enthalten sind. Das Denken muss zunächst zur Kenntnis nehmen, was ihm durch die Sinnlichkeit vermittelt wird, und, so Hebart weiter, durch eine transzendentale psychologische Analyse, die auf einer mathematischen Methode basiert, untersuchen.

Auf diese allgemeine These folgt bei Herbart eine rigorose Kritik an der apriorischen Synthese Kants. Herbart zeigt auf, dass die Gewissheit des Wissens von dem abhängt, was geschieht und gegeben ist: «Kant», so bemerkt Herbart, «behauptet, dass die Formen der Erfahrung uns nicht gegeben sind, sondern von unseren Erkenntnisvermögen hinzugefügt werden; kurzum, statt gegebene Formen anzuerkennen, die allein unsere Vorstellungen der Dinge erklären können, verbannt er die Formen der Erfahrung, um sie in unser Erkenntnisvermögen zu stecken. Doch damit werden die Gegenstände der Erfahrung zu Phänomenen! Aus diesem Dilemma kann man nur herauskommen, wenn man das Apriori einer Revision unterzieht.»[193] Herbart entwickelt in seiner Kritik an Kant Überlegungen, die schließlich in Husserls Theorie der passiven Synthese kulminieren. Diese besagt, dass das Studium der Strukturen der Erfahrung, die unabhängig von einer apriorischen Synthese gegeben sind, durch einen konstitutiven Prozess oder eine Sinnesgenese erfolgt.

---

191 Husserl, 26.

192 Husserl, 36. Hervorhebungen im Original.

193 Pettoello, «Scatole quadrangolari e recipienti vuoti. Genesi psicologica delle categorie e forme dell'esperienza nella critica di Herbart a Kant», 17. Meine Übersetzung.

## Sinn

Bevor jedoch Schritt für Schritt der Entstehungsprozess des Sinns der Erfahrung und die möglichen Verbindungen zwischen den Strukturen verfolgt werden, muss zunächst ein wenig über das Wort «Sinn» nachgedacht werden, das die Lesenden möglicherweise mit einem metaphysischen Prinzip identifizieren, das weit entfernt von jener erfahrbaren Ebene liegt, die untersucht werden soll. «Sinn» ist ein Begriff mit vielen historischen Bedeutungen, doch gibt es einen gemeinsamen Ursprungskern, der sowohl für das italienische «senso», das französische «sens» als auch das deutsche «Sinn» gilt: Zunächst bezeichnet er die Fähigkeit zu fühlen, Eindrücke zu empfangen, die durch äußere Reize erzeugt werden; zweitens lässt sich der Begriff mit der Vorstellung von Bedeutung in Verbindung bringen. Darüber hinaus wird der Begriff «Sinn» in verschiedenen Sprachen verwendet, um eine Bewegung in eine bestimmte Richtung zu beschreiben, wie wenn wir sagen, dass sich ein Objekt in eine bestimmte Richtung bewegt. In diesem Kontext bezieht sich «Sinn» nicht auf etwas Abstraktes oder leicht Verständliches, sondern auf etwas, das mit unserer sinnlichen Erfahrung zusammenhängt. Der «Sinn» ist also mit dem verbunden, was wir durch unsere Sinne wahrnehmen und was für uns Bedeutung hat, als Wesen, die die Welt erfahren. Mit anderen Worten, «Sinn» orientiert sich auf eine mögliche Erfahrung und ein mögliches Urteil eines wahrnehmenden Subjekts.

Genese des Sinns und Konstitution sind, und dies ist die erste Schlussfolgerung, um die sich die folgenden Analysen entwickeln werden, miteinander verbundene Begriffe und Prozesse, die die Struktur, zunächst die materielle Struktur, der Erfahrung manifestieren, indem sie beschreibend die Weisen aufzeigen, wie sich aus der autonomen Strukturierung des Wahrnehmungsbodens die kategorialen Strukturen herausbilden.

Wenn dies die grundlegende Ausrichtung ist, der Grund des Diskurses einer Lehre der Erfahrung, so stellt sich die Phänomenologie als ein möglicher, aber nicht als der einzige Weg zur Erfahrung dar. Um es mit der tiefgründigen Definition des italienischen Philosophen Giovanni Piana zu sagen: «Die phänomenologische Methode will Erfahrungsakte durch Aufweisung ihrer strukturellen Unterschiede charakterisieren.»[194] Der Fokus liegt also auf den Akten des erkennenden Subjekts: Im Anfang war die Tat.

194 Piana, «Die Idee eines phänomenologischen Strukturalismus», 113.

## Konstruktion und Natorp

Ich habe bereits die Bedeutung Kants für die Entstehung und frühe Entwicklung der Phänomenologie hervorgehoben. Mit der Zeit verliert Kant jedoch zunehmend die Rolle des privilegierten Gesprächspartners, da Husserl der Ansicht ist, dass er die Themen und Ansprüche des kritischen Philosophen bereits im zweiten Band der *Logischen Untersuchungen* beantwortet, begrenzt und umgekehrt hat. Wie bereits betont, bezeichnet er das kantische Apriori als «keineswegs klassisch».[195] Immer größer wird jedoch die Bedeutung von Natorp.

Im Vorbereitungszeitraum, der den *Logischen Untersuchungen* vorausgeht, beginnt Husserl, wie Iso Kern hervorhebt, sich auf eine tiefgehende und konstruktive Weise mit Kant und dem Neukantianismus auseinanderzusetzen. Spätestens 1894 «steht Husserl in Korrespondenz mit Paul Natorp».[196]

Der Marburger Philosoph war der einzige Neukantianer, «zu dem Husserl in dieser Zeit vor den *Logischen Untersuchungen* ein wirklich positives Verhältnis hatte».[197] In den Jahren in Halle (ab 1886 war Husserl in Halle, um seine Studien fortzusetzen, erwarb hier die venia legendi und unterrichtete bis 1901 als Privatdozent, dem Jahr der Veröffentlichung des zweiten Bandes der *Logischen Untersuchungen*, bevor er als außerordentlicher Professor nach Göttingen ging) arbeitete Husserl – einerseits – eng mit dem deutschen Psychologen Friedrich Carl Stumpf (1848–1936) zusammen, sodass die *Logischen Untersuchungen* ihm mit Wertschätzung und Freundschaft gewidmet sind. Andererseits lebte er in einem Umfeld, das tief vom Neukantianismus geprägt war. Dies wird deutlich in einem Brief, den Husserl am 22.08.1901 an seinen Freund G. Albrecht schrieb. Husserl erklärt, dass Natorp in seiner Rezension zu seinen *Prolegomena* «richtig bemerkt hat, dass die Ziele, die ich der reinen Logik stelle, sich im Wesentlichen mit denen der kantischen Erkenntniskritik decken».[198]

Die Rezension von Natorp zu den *Prolegomena* ist sehr wichtig, um die Forschungen Husserls in den richtigen Kontext zu stellen: Die vorgeschlagenen Beobachtungen sind im Wesentlichen zwei. Der Marburger Philosoph weist darauf hin, dass der Kampf gegen den Psychologismus, den Husserl in den *Prolegomena* führt, als bloße Variante des bereits von den Neukantianern begonnenen Kampfes verstanden werden kann. Darüber hinaus stellt Natorp eine enge Gemeinsamkeit der Interessen zwischen ihm und Husserl fest, wie der Rezension zu entnehmen ist.[199] Er zeigt hier explizit auf, dass der Ausgangspunkt von

---

195 Husserl, *Logische Untersuchungen*, 260.

196 Kern, *Husserl und Kant. Eine Untersuchung über Husserls Verhältnis zu Kant und zum Neukantianismus*, 13.

197 Kern, 13.

198 Kern, 15.

199 Natorp, «Zur Frage der logischen Methode. Mit Beziehung auf Edm. Husserls ‹Prolegomena zur reinen Logik›», 270.

Husserls Diskurs kantianisch ist. Husserl sucht die Bedingungen der Möglichkeit der Objektivität und der Erfahrung, auch er ist auf der Suche nach synthetischen Urteilen a priori – wie die kantische transzendentale Logik. Kant und die neukantianische Bewegung von Marburg hatten somit einen enormen Einfluss auf Husserl in den *Logischen Untersuchungen*.

Dennoch verwendet Husserl nur die Begriffe der Neukantianer, ohne die vorgeschlagenen Lösungen zu akzeptieren, indem er nur theoretische Kernpunkte aufgreift, die ihm zufolge mit anderen und deutlich unterschiedlichen Methoden geklärt werden müssen. Der Weg der phänomenologischen Konstitution ist völlig anders als der vom Neukantianer vorgeschlagene. Tatsächlich erklärt Husserl in einem berühmten Brief an Natorp vom 18.03.1909 Folgendes:

> «[Die Marburger Schule] hat sich feste Formulierungen oberster erkenntnistheoretischer Problem erarbeitet, die für sie das Erste sind und nach denen sich alle weitere Arbeit orientiert, so dass eine jede an diese Formulierungen anknüpfen will und soll. Wir Göttinger arbeiten in einer ganz anderen Einstellung und, obschon ehrliche Idealisten, gewissermaßen von Unten. Es gibt, meinen wir, nicht bloß ein falsches empiristisches und psychologisches Unten, sondern auch ein echtes idealistisches Unten, von dem aus man sich Schritt für Schritt zu den Höhen emporarbeiten kann.»[200]

Die Phänomenologie benötigt in keiner Weise eine transzendentale Philosophie, während die Philosophie von Natorp der transzendentalen Philosophie folgen muss. Die Phänomenologie versteht sich daher als *erste Philosophie* im Gegensatz zu jeder Philosophie, die als Meta-Reflexion angesehen wird. Man sollte keinesfalls vergessen, dass die Phänomenologie dem Neukantianismus vorwirft, nie das Konkrete und das Unmittelbare zu erfassen und stets auf der abstrakten Ebene zu verharren, während, wie bekannt, das programmatische Motto der Phänomenologie gerade die Rückkehr zu den Sachen selbst ist.

Trotz der tiefgreifenden Unterschiede ist es jedoch interessant zu bemerken, dass der Begriff der *Konstitution* in beiden Positionen zentral ist. Dies weist darauf hin, dass sie durch eine tiefe *Erkenntnisrichtung* miteinander verbunden sind, die sie *de facto* von vielen anderen philosophischen Strömungen unterscheidet, die zu dieser Zeit weit verbreitet waren. Das ist offensichtlich daran zu erkennen, dass «wie Natorp seine Psychologie, so definiert auch Husserl seine Phänomenologie durch eine Erkenntnisrichtung oder – in seiner eigenen Sprache – durch eine besondere Einstellung, die er die phänomenologische oder transzendentale nennt und die sich radikal von der natürlichen Einstellung der objektiven Wissenschaft unterscheidet».[201]

200 Siehe auch Kern, *Husserl und Kant. Eine Untersuchung über Husserls Verhältnis zu Kant und zum Neukantianismus*, 161.

201 Kern, 328.

Ein Zeichen der tiefen Verbundenheit, die aus der unvermeidlichen kantianischen Herkunft beider Schulen hervorgeht, ist auch die Übernahme bestimmter typischer Ausdrücke von Natorp durch Husserl: «Die Wendungen ‹zurückdeuten›, ‹zurückinterpretieren›, ‹auflösen› des Objektiven (Ontologischen) ins Subjektive (Phänomenologische), die wir hier unsere Darstellung mit Absicht gebrauchten, hat Husserl von Natorp übernommen.»[202]

Der Einfluss von Natorp ist nicht nur in der ersten Phase von Husserls theoretischer Reflexion deutlich spürbar, sondern auch entscheidend für das husserlsche Konzept der Genese, das sich vollständig in den Schriften der 1920er-Jahre manifestieren wird. Die rekonstruktive Methode von Natorp beeinflusste Husserl, insbesondere das Programm, die Akte des Subjekts als das zu erfassen, was am Anfang des Erkenntnisprozesses steht (wie im vorherigen Kapitel erläutert). Wie Kern bemerkt, «klingt Husserls Bezeichnung der genetischen Phänomenologie als regressiv oder reduktiv an Natorps Rekonstruktion an».[203]

Obwohl Natorp und die Kenntnis von Herbarts Texten die ersten und entscheidenden Elemente sind, die die regressive husserlsche Methode beeinflussen und gewissermaßen begründen, gibt es auch Faktoren, die ganz intern im theoretischen Denken des Vaters der Phänomenologie verankert sind und ebenfalls entscheidend waren. Bevor wir im Laufe der Analyse das Verhältnis zwischen Anfang, Handlung und den Sachen selbst definieren, sollten sich die Leserinnen und Leser in der Kunst der Geduld üben und mir im nächsten Abschnitt zu kurzen, tief in Husserls eigenem Denken verwurzelten Überlegungen über das Verhältnis zwischen statischen und genetischen Phänomenologien folgen.

## Anfang und Sachen selbst

Nachdem ich in den vorangegangenen Abschnitten einige der grundlegenden Begriffe der husserlschen Phänomenologie analysiert habe, möchte ich in diesem zweiten Teil darlegen, wie Anfang, Akte des Subjekts und die Sachen selbst nach Husserl miteinander verbunden sind. Zunächst ist es erforderlich zu zeigen, was genetische Phänomenologie ist und welche Rolle die Temporalität in unserer Beziehung zu den Sachen selbst spielt.

202 Kern, 333.

203 Kern, 353.

## Statischer und genetischer Ansatz

Bereits in den *Logischen Untersuchungen* erklärt Husserl, dass die Phänomenologie den Ursprung explizieren möchte, aus dem die Konzepte und idealen Gesetze hervorgehen. Der Ursprung muss jedoch auch das Verhältnis zwischen «Subjektivität des Erkennens und der Objektivität des Erkenntnisinhaltes»[204] thematisieren: Ursprung, Anfang und subjektiver Akt sind die grundlegenden Konzepte des gesamten theoretischen Weges Husserls.

Das theoretische Denken Husserls lässt sich idealerweise in zwei Teile unterteilen: eine Periode, in der statische Forschungen dominieren, und eine genetische Periode. Diese Trennung ist jedoch nur abstrakt, da – wie bereits betont – sowohl die grundlegenden als auch die konstitutiven Probleme die gleichen bleiben; es verändert sich nur der Blickwinkel, der diese thematisiert, da Husserl immer den Ursprung befragt hat.

Die statische Forschung ist eine konstitutive Fundierung. Sie will reine Essenzen, reine Gesetze, wesentliche Verbindungen erforschen, und die Methode, um dieses Ziel zu erreichen, ist die eidetische Variation. Die statische Phänomenologie entwickelt sich aus dem Neukantianismus und entfernt sich immer mehr endgültig davon. Die Essenzen, die sie erforscht, sind in ihrer Grundintention der kantischen Forderung ähnlich, die Bedingungen der Möglichkeit der Erfahrung zu finden. Die gleiche eidetische Variation, die Methode zur Erfassung der Essenzen, spiegelt jene Fähigkeit wider, die in der *Kritik der reinen Vernunft* eine zentrale Rolle spielt: die Vorstellungskraft. Sie ermöglicht es, die Strukturen «aus Fleisch und Blut»[205] zu erfassen. Dadurch werden die inneren Grenzen der Veränderlichkeit dieses Materials und damit die Regel, die seine mögliche Manifestation bestimmt, sichtbar.

Allerdings, und erneut muss betont werden, dass, wenn der Einfluss Kants in dieser Periode zu offensichtlich ist, es notwendig ist, mit derselben Klarheit und Nachdrücklichkeit zu erinnern, dass die Strukturen, die Husserl sucht, nicht nur formal sind, sondern vor allem auch materiell. Diese definieren den Bereich der Erfahrung nicht durch ein konstruktivistisches *a priori*, das Schritt für Schritt die Operationen diktiert, die zur möglichen Erfahrung führen, sondern definieren ontologische Sektoren, indem sie Öffnungen und klare Grenzen für mögliche Verbindungen und Aussagen setzen, die durch die Spezifität des jeweiligen Objekts bestimmt sind. Die dritte Untersuchung («Zur Lehre von den Ganzen und Teilen») seiner *Logischen Untersuchungen* kann in dieser Hinsicht als ein Manifest der statischen Phänomenologie gelesen werden und sie sind daher ein ausgezeichnetes Beispiel dafür, wie Husserl das kantianische Paradigma

204 Husserl, *Logische Untersuchungen*, 7.

205 Husserl, *Ideen zu einer reinen Phänomenologie und phänomenologischen Philosophie. Erstes Buch*, 252.

endgültig verändert, das – wie könnte es anders sein – die theoretische Grundlage für jede Philosophie bleibt, die einen grundlegenden, fundierenden Anspruch erhebt.

In einer Problemstellung, die die Theorie des Ganzen und des Teils und sowohl den Beginn der konstitutiv-eidetischen Analysen – mit der entsprechenden Abkehr von Kant – als auch das methodologische Symbol für die folgenden Forschungen darstellt, schreibt Husserl in *Ideen I:* «Die allergrößten Probleme sind die funktionellen Probleme, bzw. die der ‹Konstitution der Bewusstseinsgegenständlichkeiten›.»[206] Die konstitutiven Probleme behandeln «die Art, wie [...] das Stoffliche beseelend und sich zum mannigfaltig-einheitlichen Kontinuum und Synthesen verflechtend»[207] ist.

Der Sinn dieser Ausführungen, die eine erste Schlussfolgerung und Positionierung zum phänomenologischen Methodenkonzept als mögliche und rational fundierte Weise einer Philosophie der Erfahrung darstellen, ist folgender: Die Konstitution in einer statischen Perspektive bedeutet zunächst das Explizieren der Regeln und Strukturen, die die Manifestation der Objekte sowohl aus der Wahrnehmungsperspektive als auch in jeder möglichen Veränderung regeln. Dies bedeutet, die gegebenen Strukturen des Materials – Letzteres als Korrelat möglicher intentionaler Akte verstanden – in Beziehung zu setzen, die präzise ontologische Regionen abgrenzen.

Die Phänomenologie zeigt mit der statischen Analyse, dass zur Essenz einer Sensibilität, einer Apperzeption, eines intentionalen Aktes, einer ontologischen Region usw. bestimmte Möglichkeiten und damit bestimmte strukturelle Gesetze gehören.

Der wesentliche Zusammenhang zwischen der statischen und der genetischen Methodologie ist die Erforschung und Analyse der subjektiven Strukturen, das heißt der Akte des Subjekts, die unsere Beziehung zur Welt möglich machen. Die konstante Befragung des subjektiven konstitutiven Ursprungs muss immer wieder durchgeführt werden, weil eine Philosophie der Erfahrung nicht an einem Faktum vorbeigehen kann, das in seiner Offensichtlichkeit eine tiefe und unbestreitbare Komplexität verbirgt:

> «Gegenstände sind für uns, und sind für uns, was sie sind, nur als Gegenstände wirklichen und möglichen Bewußtseins: Soll das keine leere Rede sein und kein Thema leerer Spekulationen, so muß gezeigt werden, was dieses Für-uns-Sein und So-Sein konkret ausmacht bzw. was für ein, ein wie strukturiertes wirkliches und mögliches Bewußtsein in Frage kommt, was dabei Möglichkeit zu bedeuten hat usw.»[208]

---

206 Husserl, 196.
207 Husserl, 196.
208 Husserl, *Cartesianische Meditationen. Eine Einleitung in die Phänomenologie*, 65.

Um zu untersuchen, was dieses «Für-uns-Sein» konkret macht, muss man von einer statischen zu einer genetischen Konstitution übergehen: Diese muss die «sedimentierte Geschichte»[209] enthüllen, die dem konstitutionellen Prozess zugrunde liegt.

Die Genese ist daher die Entwicklung der Schichtung von Sinn, durch die sie sich dem Bewusstsein und dem Ich manifestieren kann:

> «In der aktiven Genese fungiert das Ich als durch spezifische Ich-Akte, als erzeugende, konstituierendes. Hierher gehören alle Leistungen der in einem weitesten Sinne praktischen Vernunft. In diesem Sinne ist auch die logische Vernunft praktisch [...] Jedenfalls aber setzt jeder Bau der Aktivität notwendig als unterste Stufe voraus eine vorgebende Passivität, und dem nachgehend stoßen wir auf die Konstitution durch passive Genesis. Was uns im Leben sozusagen fertig entgegentritt als daseiendes bloßes Ding [...], das ist in der Ursprünglichkeit des ‹es selbst› in der Synthesis passiver Erfahrung gegeben.»[210]

Wieder einmal: Im Anfang war die Tat.

Aus diesen Überlegungen geht klar hervor, dass die strukturellen Verbindungen und die daraus abgeleiteten intentionalen Implikationen die historische und intersubjektive Grundlage bilden, aus der als Konsequenz das assertive Urteil hervorgeht. Das nun aufgeworfene Problem ist, in welchem Verhältnis diese beiden Teile zueinanderstehen: Welche Art von Beziehung besteht zwischen der Konsequenz und dem Fundament? Um diese Frage zu beantworten, kann uns die Reflexion von Herbart weiterhelfen – einem Autor, den Husserl und alle Philosophen, die in diesem Buch genannt werden, gut kannten. Die Antworten auf diese Frage lässt sich in zwei Gruppen unterteilen: Die Konsequenz ist entweder im Fundament enthalten oder sie befindet sich außerhalb desselben. Im ersten Fall hat derjenige, der die Konsequenz willkürlich vom Fundament trennt, nichts anderes getan als das, was er bereits wusste zu wiederholen, ohne sein Wissen zu erweitern. In diesem Fall ist die Konsequenz bereits im Fundament impliziert, und wenn ich die Konsequenz ausdrücke, mache ich nichts anderes, als einen bereits im Objekt vorhandenen Teil explizit zu machen. Dies trägt jedoch nicht zur Erweiterung des Wissens bei, da es sich nur um eine analytische Operation handelt, eine Tautologie. Im zweiten Fall sollte die Konsequenz etwas Neues lehren, das nicht bereits im Fundament enthalten ist, und eine Synthese zwischen den Teilen erzeugen. In diesem Fall handelt es sich jedoch nicht um eine wahre Konsequenz des Fundaments, da das Neue nicht zum Alten gehört und nicht bereits darin enthalten ist. Das Fundament verliert so seine Spezifizität, da die beiden Dinge nicht miteinander verbunden sind und weder Fundament noch Konsequenz sind.

---

209 Husserl, *Formale und transzendentale Logik. Versuch einer Kritik der logischen Vernunft*, 221.

210 Husserl, *Cartesianische Meditationen. Eine Einleitung in die Phänomenologie*, 78–79.

Herbart, um aus dieser Aporie herauszukommen, bedient sich der Methode der Relationen. Ohne im Detail nachzuvollziehen, wie sich diese Methode entwickelt, ist es wichtig, das Ergebnis hervorzuheben, das er erreicht: «dem sogenanntenen [sic] Grunde ist die Folge nicht identisch [...] der Sinn unserer ganzen Betrachtung ist dieser: *der Grund muss zusammengesetzt seyn; und die Zusammensetzung muss die Folge hervorbringen.*»[211]

Die These, die Herbart uns einlädt zu vertreten, ist sehr einfach und zugleich von tiefer Bedeutung: Das Fundament ist etwas Vielgestaltiges, Verschiedenes und Dynamisches, es ist kein unteilbarer und untrennbarer Block, sondern vielmehr sind es mehrere Gedanken, die miteinander verbunden sind. Nur so ist der Übergang zur Konsequenz möglich:

> «Der Grund ist ein Glied des Widerspruchs; *statt dieses einen Gliedes sollen wir mehrere setzen.* Was heisst das hier? Wir dachten uns den Grund bis dahin als Einen Gedanken; es fiel uns nicht ein, nach einer Mannigfaltigkeit in ihm zu fragen. Jetzt sollen wir Gründe statt des Grundes setzen, oder besser, wir sollen mehrere zusammengehörige Gedanken als den *ganzen* Grund betrachten.»[212]

Der gleiche Gedanke begleitet Husserls Überlegungen zum Prä-Kategorialen, und es ist kein Zufall, dass Husserl sagt, er fühle sich eher Herbart als Kant nahe.[213]

Die genetische Phänomenologie muss daher eine passive und eine aktive Genese explizieren, und zwar durch eine Beschreibung, die Ursprung und Konstitution dessen aufzeigt, was wir als «fertig gegeben» betrachten. Dabei muss der Welt der Erfahrung nachgegangen werden, in der die verschiedenen inneren und äußeren Horizonte untersucht werden können, die den Dingen selbst innewohnen. In der Lebenswelt verweist das Aktuelle unaufhörlich auf das Potenzielle, und hierin liegt eine innere Dynamik und Pluralität, die sie nicht zu einem einzigen Fundament, sondern zu mehreren Fundamenten macht, da in ihr immer wieder Elemente anzutreffen sind, die nur symbolisch vorhanden sind: zurück dann zu den Sachen selbst.

---

211 Herbart, *Allgemeine Metaphysik, nebst den Anfängen der philosophischen Naturlehre. Zweyter, systematischer Theil*, 37–38. Hervorhebungen im Original.

212 Herbart, 56. Hervorhebungen im Original.

213 «Näher als Kant steht uns übrigens Herbart.» Husserl, *Logische Untersuchungen*, 218.

## Am Anfang waren die Sachen selbst

Wie Kant ausführlich gezeigt hat, haben die logischen Formen nur dann Sinn, wenn sie als Produktionen betrachtet werden, d.h., sie hängen von einem Tun des erfahrenden Subjekts ab: In der Natur ist die logische Form niemals gegeben und kann nicht vollständig auf die Erfahrungsdaten zurückgeführt werden. Das Urteil ist folglich unbestreitbar das Ergebnis einer Aktivität, einer Spontaneität:

> «In der Tat, das *Urteilen* (und in seiner Ursprünglichkeit in besonderer Weise natürlich das erkennende Urteilen) ist *auch Handeln*, nur eben prinzipiell nicht ein Behandeln von Realem, wie sehr selbstverständlicherweise jedwedes Handeln selbst ein psychisch Reales ist (ein objektiv Reales, wo wir das Urteilen in der psychologischen Einstellung als menschliche Aktivität nehmen). Aber dieses Handeln hat von Anfang an und in allen seinen Stufen-gestaltungen ausschließlich Irreales in seiner thematischen Sphäre: im Urteilen wird ein Irreales intentional konstituiert. In der aktiven Bildung von neuen Urteilen aus schon vorgegebenen sind wir ernstlich erzeugend tätig. Wie bei allem Handeln sind die Handlungsziele, die zu erzeugenden neuen Urteile im voraus in Modis einer leeren, inhaltlich noch unbestimmten und jedenfalls noch unerfüllten Antizipation uns bewußt, als das, worauf wir hinstreben und was zur verwirklichenden Selbstgegebenheit zu bringen, eben das sich schrittweise vollendende Handeln ausmacht.»[214]

Deshalb muss diese Aktivität hinterfragt werden, indem von Anfang an das Problem der konstitutiven Subjektivität aufgeworfen wird, um zu erfassen, wie viel Freiheit das kategoriale Denken im Vergleich zu den Zwängen der wahrgenommenen Daten hat. Die Aktivität darf jedoch nicht mit dem Akt der formalen Synthese verwechselt werden, der typisch für die kritische Philosophie ist: «[D]as Urteil in diesem weitesten Sinne ichlicher Aktivität niederer oder höherer Stufe darf nicht verwechselt werden mit dem passiven *belief*, das Hume und der Positivismus, der ihm folgt, als Datum auf der Bewusstseinstafel annimmt.»[215]

Laut Husserl gibt es keine amorphen Daten, die nach einem göttlichen Hauch suchen, der sie belebt. Man kann also zu Recht behaupten: «[F]reilich das Reich der Aktivität ist *eo ipso* ein Reich der freien Willenstätigkeit, das ich dirigiert hier, sei es vorübergehend, sei es konsequent, seine Aktionen nach Erkenntniszielen, die ihm als solche natürlich wert sind.»[216] Das zu behaupten bedeutet lediglich zu unterstreichen, dass der subjektive Aspekt der konstitutiven Herkunft ständig mit der passiven Genese in Beziehung gesetzt werden muss, welche präzise intentionale Implikationen vorgibt, die für die Bildung von Urteilen absolut

---

214 Husserl, *Formale und transzendentale Logik. Versuch einer Kritik der logischen Vernunft*, 149–150. Hervorhebungen im Original.

215 Husserl, *Erfahrung und Urteil. Untersuchungen zur Genealogie der Logik*, 63.

216 Husserl, *Aktive Synthesen: aus der Vorlesung Transzendentale Logik (1920/1921)*, 11.

unerlässlich sind. Die passive Genese setzt somit präzise strukturelle Grenzen und Öffnungen. Daher besteht der zweite methodologische Punkt, den die Phänomenologie bietet, darin, dass die Aufgabe, die eine Doktrin der Erfahrung angehen muss, ist, das Verhältnis zwischen Erfahrungsurteilen und der Erfahrung selbst zu beschreiben, ausgehend von der Erfahrung selbst. Die Analyse der Urteile der Erfahrung bedeutet zunächst, zum Ausgangspunkt zurückzukehren, indem man von den expliziten Urteilen (denjenigen, die etwas aussagen) zur grundlegenderen Form der Erfahrung zurückgeht, die noch kein Urteil ist, sondern reine Erfahrung. Die strukturellen Beschreibungen müssen daher als Forschungen verstanden werden, die von den Grundlagen ausgehen und darauf abzielen, die Gesetze zu entdecken, die der Erfahrung zugrunde liegen oder, mit anderen Worten, die unsere alltägliche Lebenswelt gründen.

Die starke These, die die Phänomenologie vorschlägt, ist daher: Die «Theorie der vorprädikativen Erfahrung, [...], ist das an sich erste Stück der phänomenologischen Urteilstheorie.»[217] Eingebettet in diese Perspektive des Zusammentreffens zwischen den prä-kategorialen Bindungen und der kategorialen Welt kann das affektive Phänomen nur mit all seiner Bedeutung hervortreten. Es wird deutlich: «[A]us der Passivität des Hintergrunds her gehen die Affektionen auf das Ich, sie sind Voraussetzungen der Zuwendung. Mit ihrem Vollzug leistet das Ich der Affektion Folge, es richtet sich auf das Affizierende hin.»[218]

Ein Beispiel kann die und den Lesenden helfen, die These zu verstehen: Wir nehmen ein Buch wahr. Der Blick wandert von dem Cover zum Rücken, die Eindrücke werden durch die Nerven geleitet, die mich durch ein seltsames Spiel von Verweisen zurück zur Farbe des Covers führen. Diese wiederum motiviert mich, das Buch zu kaufen. Ein weiteres Beispiel kann die und den Lesenden helfen, es noch besser zu verstehen:

> «ist der Gegenstand, das Haus, S genannt und diese so genannten inneren Bestimmungen α, β, γ, so liefert der von dem Erkenntnisinteresse an S hervorgetriebene Prozess nicht einfach die Folge: Erfassung S, Erfassung α, Erfassung β usw., als ob ein Wechsel der Themata erfolgte. [...]. Vielmehr: in dem ganzen Prozess von einzelnen Akten, die von der Erfassung S zu Erfassung α, β ... führen, lernen wir S kennen.»[219]

In dieser und ähnlichen Beobachtungen beginnt ein Prozess, der auf dem kontinuierlichen Übergehen von einer Seite zur anderen des wahrgenommenen Objekts basiert, wobei jedes Detail festgehalten wird. Das Subjekt S wird zum Substrat für mögliche Bestimmungen, für die Teile, aus denen es zusammengesetzt ist und die der Blick in all seinen Falten zu erfassen versucht:

---

217 Husserl, *Erfahrung und Urteil. Untersuchungen zur Genealogie der Logik*, 21.

218 Husserl, *Aktive Synthesen: aus der Vorlesung Transzendentale Logik (1920/1921)*, 4.

219 Husserl, 19.

> «[D]er Prozess ist eine *entfaltende Betrachtung*, eine Einheit gegliederter Betrachtung. Durch den ganzen Prozess behält das S den Charakter des Themas, und indem wir schrittweise Moment für Moment, Teil für Teil in den Griff bekommen, ist es eben Moment, Teil – allgemein gesprochen – Eigenheit, Bestimmung.»[220]

Am Ausgangspunkt dieses Spiels zwischen dem Substrat und der Bestimmung, zwischen dem Thema und dem Teil, steht das ursprünglichste Phänomen der *Überschiebung*, welches den kontinuierlichen Übergang von einer Schicht des Objekts zur anderen ermöglicht.

Einige Präzisierungen sind jedoch notwendig: Zunächst bedeutet das Sprechen vom Substrat, die Existenz von etwas zu behaupten, eines unbekannten x, das in ihrem Sein als bestimmtes Objekt zum Thema für ein mögliches Subjekt wird. Das Subjekt bewegt sich von einer Seite des Objekts zur anderen, verfolgt das, was es motiviert, und rutscht so ständig in die Bestimmungen hinein. Husserl stellt daher fest: Der «Gegenstand im völligen und eigentlichen Sinn ist mit sich selbst Identisches und ist ursprünglich konstituiert als thematischer Gegenstand für ein Ich identifizierender Aktivität.»[221]

In diesem Übergang werden die Bestimmungen unter Griff gehalten und bereichern den erfahrungsbezogenen Sinn des Perzeptes. Natürlich kann das, was ursprünglich Substrat war, zur Bestimmung werden, und diese wiederum zum Substrat, dank des Spiels der Motivation:

> «Die Verzweigung der Explikation erwächst dadurch, dass im Ausgang von einem Substrat nicht nur gleichsam auf direktem Wege dessen Bestimmungen heraustreten, sondern dass diese selbst wieder als Substrate von weiteren Explikationen fungieren.»[222]

So, zum Beispiel, wenn wir ein blühendes Feld wahrnehmen, kann unser thematisches Interesse von einer Margerite erfasst werden, und sie wird zum Wahrnehmungsthema, indem sie dem erlebenden Subjekt die Aufmerksamkeit abverlangt und es zwingt, sie festzuhalten. Das Feld tritt dabei in den Hintergrund. Wenn anschließend ein neues Objekt oder ein Teil der blühenden Pflanze die Aufmerksamkeit auf sich zieht, dann wird das, was zuvor das Thema war, in den Hintergrund gestellt, und ein neues Substrat tritt in den Vordergrund. Die Beobachtung ist daher ein Hervorbringen der dem Objekt innewohnenden Qualitäten:

> «[J]eder überhaupt erdenkliche Gegenstand als Gegenstand einer möglichen Erfahrung hat seine subjektiven Modi der Gegebenheitsweise: er kann aus dem dunklen Bewusst-

220 Husserl, *Erfahrung und Urteil. Untersuchungen zur Genealogie der Logik*, 126. Hervorhebungen im Original.

221 Husserl, *Aktive Synthesen: aus der Vorlesung Transzendentale Logik (1920/1921)*, 25.

222 Husserl, *Erfahrung und Urteil. Untersuchungen zur Genealogie der Logik*, 147.

> seinshintergrund auftauchen, von daher das Ich affizieren und zum aufmerkenden Erfassen bestimmen.»[223]

Außerdem stellt der gleiche Prozess des Festhaltens einen «habituellen Besitz, jederzeit bereit zu erneuter aktueller assoziativer Weckung»,[224] dar, wodurch die Horizonte, die ästhetischen Verknüpfungen und damit die Lebenswelt immer weiter dynamisiert werden: das Fundament ist notwendigerweise etwas Vielgestaltiges, Vielfältiges und Dynamisches.

## Ausblick

Aus Husserls Überlegungen zur Notwendigkeit eines neuen Anfangs ergeben sich einige wesentliche Punkte über das Verhältnis zwischen dem Objekt der Erkenntnis (und der Wahrnehmung), dem Fundament und den Akten des Subjekts.

Erstens lädt Husserl uns ein, über eine kantianische Subjektivität hinauszugehen, die abstrakt handelt. Das «Ich denke» muss zum «Ich kann» werden. Aufgrund meiner Wahrnehmungsakte kann ich die Welt wahrnehmen, die mich wiederum motiviert und eine Struktur und einen Sinn unabhängig von meiner kategorialen Aktivität hat.

Zweitens gibt es in der Welt verschiedene Regionen, die wiederum mögliche Klassifikationen und Handlungen bestimmen. Die Objekte, die wir wahrnehmen, geben uns Hinweise darauf, wie wir die Welt in große Kategorien unterteilen können, basierend auf ihren Eigenschaften. Zum Beispiel haben Töne andere Eigenschaften als Farben, obwohl beide Teil derselben Realitätsebenen sind.

Drittens muss sich die philosophische Rekonstruktion notwendigerweise mit der sedimentierten Geschichte und den kontinuierlichen Veränderungen auseinandersetzen, die durch die Interaktion zwischen den Akten des Subjekts und den Strukturen des Objekts entstanden sind.

Viertens ist der Anfang ein pluralistisches Fundament, das die Akte des Subjekts motiviert.

Daraus ergibt sich ein Konzept der Erfahrung, das naive Realismen und radikale Konstruktivismen vermeidet. Wahrnehmung und Erkenntnis sind nicht auf eine passive Beobachtung beschränkt, sondern sind von Anfang an ein dynamischer und aktiver Prozess, eine *Tat* (Handlung). Dieses Prinzip spiegelt das Wesen der phänomenologischen husserlschen Philosophie wider, bei der die Konstitution des wahrgenommenen Objekts als ein kontinuierlicher Akt der

223 Husserl, 124.
224 Husserl, 137.

Motivation, des Gleitens und der Bestimmung entsteht, der mit der intentionalen Aktivität des Subjekts verbunden ist.

In diesem Kontext stellen wir daher fest:

1. *Der Anfang als dynamische Handlung:* In der Phänomenologie ist der Wahrnehmungsprozess kein statischer Ausgangspunkt, sondern eine fortlaufende Tätigkeit, bei der das Subjekt die Bestimmungen des Objekts explizit macht und bereichert. Dies zeigt sich im Festhalten der Substrate und Bestimmungen in einer nie abgeschlossenen Bewegung.
2. *Wahrnehmung als Tat:* Die Phänomenologie beschreibt den Wahrnehmungsakt als eine intendierte Handlung, bei der das Subjekt, motiviert von den Objekten, Verbindungen und Beziehungen schafft.
3. *Der Anfang als relationale Bewegung:* Wahrnehmen ist nie ein abgeschlossener Anfang, sondern eine kontinuierliche relationale Bewegung, bei der Substrate und Bestimmungen miteinander interagieren und sich unaufhörlich verändern, wodurch neue Bedeutungen entstehen.
4. *Der Doppelstrahl als Tat:* Die Idee des phänomenologischen Doppelstrahls, der den Übergang zwischen Substraten und Bestimmungen motiviert, kann als eine *Tat* verstanden werden, eine Handlung, die die innere Bewegung der Wahrnehmung belebt und zur aktiven Konstruktion des Wissens drängt. Es ist die Handlung, die den Übergang einleitet, verbindet und transformiert, gemäß dem goetheschen Prinzip des Anfangs als Handlung.

Gerade als es scheint, dass wir bei den Sachen selbst angekommen sind, stellt uns der Philosoph Hans Blumenberg (1920–1996) vor ein neues Problem:

> «Die Sachen selbst sind es, die nicht zulassen, bei ihnen zu bleiben. [...] Denn die Sätze über Sachen zur ‹Sache selbst› zu machen, ist nur *eine* der Formen, von den Sachen zurückzukommen, weil sie nicht dulden, daß man bei ihnen bleibt.»[225]

Die Sachen scheinen sich unserem Verständnis und unserem sprachlichen Ansatz zu entziehen. Sie sind schwer fassbar und geheimnisvoll, und selbst wenn wir versuchen, sie zu beschreiben, entziehen sie sich unserem Zugriff. «Zu den Sachen!», schreibt Blumenberg, «das appelliert an nichts anderes als an jenes Einholen des immer Gegebenen, als ob es ein ‹Nachholen› wäre: Worauf man beinahe von selbst gekommen wäre, das sind ‹die Sachen›.»[226] Blumenberg erklärt, dass stets eine Distanz zwischen den Dingen, wie sie sind, und der Art und Weise, wie wir sie verstehen oder beschreiben, besteht.

225 Blumenberg, *Zu den Sachen und zurück*, 342.
226 Blumenberg, 349.

Diese Distanz macht Erkenntnis zu einem kontinuierlichen, niemals vollständig abgeschlossenen Prozess, der die Auseinandersetzung mit dem inneren Mysterium der Realität erfordert. Das zugrunde liegende Postulat, das ich teile, ist, dass es eine Distanz zwischen dem Subjekt und der Welt gibt, die das repräsentative Handeln zu überbrücken versucht: «*Der Mensch als animal symbolicum ist ein auf Einsparung von Konfrontationen mit der Wirklichkeit [...] angelegtes Wesen.*»[227]

Im nächsten Kapitel werde ich untersuchen, wie Ernst Cassirer die Distanz zwischen den Dingen und unseren Handlungen analysiert hat. Er versuchte, diese zu überbrücken, indem er untersuchte, wie sich die Handlungen und das *Imperativ des Werks* wechselseitig konstituieren.

227 Blumenberg, *Beschreibung des Menschen*, 614. Hervorhebungen im Original.

# 5. «Das ‹Sein› ist hier nirgends anders als im ‹Tun› erfaßbar»

«Das Reich der Form gewinnt Leben und Wirklichkeit im Reich der Tat».

Ernst Cassirer, *Idee und Gestalt*, 258.

> «Die Aufgabe, die der Philosophie in jeder einzelnen Phase ihrer Entwicklung gestellt ist, besteht daher immer von neuem darin, an einem konkret geschichtlichen Inbegriff bestimmter wissenschaftlicher Begriffe und Grundsätze die allgemeinen logischen Funktionen der Erkenntnis überhaupt herauszuheben. Dieser Inbegriff mag sich wandeln und hat sich seit Newton gewandelt: Es bleibt dennoch die Frage zurück, ob nicht auch in dem neuen Gehalt, der jetzt heraustritt, jene allgemeinsten Beziehungen, auf die allein die kritische Analyse ihren Blick gerichtet hielt, nur unter einer anderen Gestalt und Hülle sich darstellen.»[228]

Die Philosophie befasst sich somit damit, unter die Oberfläche der historischen Veränderungen zu blicken, um das Universelle und Konstante in der Erkenntnis zu identifizieren. Mit dieser und ähnlichen Definitionen betont der deutsche Philosoph Ernst Cassirer die Aufgabe und Methode der philosophischen Forschung sowie das Verhältnis zwischen transzendentaler Reflexion und philosophischen Disziplinen.

Es wurde viel über Cassirer und seine zahlreichen Beiträge zur Philosophie, Kultur und Wissenschaft des 20. Jahrhunderts geschrieben. Dieses Kapitel konzentriert sich auf das Konzept des erweiterten Transzendentalen bei Cassirer, um zu verstehen, wie er einen methodologischen Ansatz vorschlägt, der die Prinzipien untersucht, die am Anfang der Erkenntnisproduktion stehen. Dazu konzentriere ich mich auf Cassirers Überlegungen und die Definition des Transzendentalen im Zusammenhang mit der Technik. Diese wird von ihm als eine Form der Produktion definiert, die eine mögliche Realität erschaffen kann. Um dies zu verstehen, ist es jedoch notwendig, darauf einzugehen, was Cassirer unter Symbol und symbolischer Form versteht.

---

228 Cassirer, *Das Erkenntnisproblem in der Philosophie und Wissenschaft der neueren Zeit. Erster Band. ECW 2*, 13.

## Die Dynamik des Wissens: Cassirer und die Überwindung des kantischen Dualismus

Einem grundlegenden Prinzip der westlichen Philosophie folgend, das seit Descartes auf verschiedene Weise zum Ausdruck kommt, entwickelt sich das Wissen durch die Produktion von Repräsentationen, durch die das Subjekt die Erfahrung neu gestaltet und Urteile oder Artefakte verschiedener Art erzeugt. Es gibt daher zwei nachträglich unterscheidbare Bereiche: einerseits die Natur, verstanden als das Gegebene, und andererseits das Produkt einer möglichen Repräsentation. Dieser Prozess äußert sich auf verschiedene Weise, unter anderem technisch. Die technische Repräsentationsweise bezieht sich auf das, was produziert wird, und auf die Fähigkeit, das Objekt zu beherrschen. Solche Produkte können als symbolisch definiert werden, da sie (unter Beibehaltung der Differenz) verschiedene Bereiche, wie Subjekt und Objekt, miteinander verbinden und ein drittes Element erzeugen. Wie Ernst Cassirer schreibt:

> «Unter einer ‹symbolischen Form› soll jede Energie des Geistes verstanden werden, durch welche ein geistiger Bedeutungsgehalt an ein konkretes sinnliches Zeichen geknüpft und diesem Zeichen innerlich zugeordnet wird. In diesem Sinne tritt uns die mythisch-religiöse Welt und die Kunst als je eine besondere symbolische Form entgegen. Denn in ihnen allen prägt sich das Grundphänomen aus, daß unser Bewußtsein sich nicht damit begnügt, den Eindruck des Äußeren zu empfangen, sondern daß es jeden Eindruck mit einer freien Tätigkeit des Ausdrucks verknüpft und durchdringt. Eine Welt selbstgeschaffener Zeichen und Bilder tritt dem, was wir die objektive Wirklichkeit der Dinge nennen, gegenüber und behauptet sich gegen sie in selbständiger Fülle und ursprünglicher Kraft.»[229]

Durch diesen Prozess des Handelns wird der Mensch im Tun zum *animal symbolicum*, «das symbolerzeugende und symbolverstehende Wesen»,[230] und die Kultur stellt, wie Birgit Recki anmerkt, nichts anderes dar als das System aller möglichen Modalitäten der Bedeutungsproduktion durch Symbolisierung.[231] Die drei klassischen symbolischen und kulturproduzierenden Formen, die Cassirer identifiziert, sind Sprache, Mythos und Kunst (zusätzlich zur Technik). Wie Cassirer bemerkt:

> «Wenn man die Sprache, den Mythos, die Kunst als ‹symbolische Formen› bezeichnet, so scheint in diesem Ausdruck die Voraussetzung zu liegen, daß sie alle, als bestimmte geistige Gestaltungsweisen, auf eine letzte Urschicht des Wirklichen zurückgehen, die in ihnen nur wie durch ein fremdes Medium erblickt wird. Die Wirklichkeit scheint für uns

229 Cassirer, «Der Begriff der symbolischen Form im Aufbau der Geisteswissenschaften», 67.

230 Cassirer, *An Essay on Man: An Introduction to a Philosophy of Human Culture.*

231 Recki, «Über uns Menschen», 42.

nicht anders als in der Eigenart dieser Formen fassbar zu werden; aber darin liegt zugleich, daß sie sich in ihnen ebensowohl verhüllt wie offenbart. Dieselben Grundfunktionen, die der Welt des Geistes ihre Bestimmtheit, ihre Prägung, ihren Charakter geben, erscheinen andererseits als ebensoviele Brechungen, die das in sich einheitliche und einzigartige Sein erfährt, sobald es vom ‹Subjekt› her aufgefaßt und angeeignet wird. Die Philosophie der symbolischen Formen ist, unter diesem Gesichtspunkt gesehen, nichts anderes als der Versuch, für jede von ihnen gewissermaßen den bestimmten Brechungsindex anzugeben, der ihr spezifisch und eigentümlich zukommt.»[232]

Cassirer vertritt die Auffassung, dass Sprache, Mythos und Kunst «symbolische Formen» sind, die eine tiefere Realität zugleich offenbaren und verbergen, die nur durch diese Formen wahrgenommen werden kann. Diese symbolischen Formen stellen die einzige Möglichkeit dar, die Realität zu verstehen, doch verzerren sie sie gleichzeitig. Ziel der Philosophie der symbolischen Formen ist es daher, für jede einzelne von ihnen einen spezifischen «Brechungsindex» zu bestimmen, der ihre Einzigartigkeit und ihre Art der Darstellung des Realen charakterisiert.

Die Bildung theoretischer Erkenntnis ist demnach kein fertiges und gegebenes Produkt, sondern das Ergebnis eines kreativen Prozesses. Dieser Prozess ist zwar auf die Freiheit des Subjekts zentriert (eine Idee, die Cassirer aus Kants Philosophie übernommen und weiterentwickelt hat), wird jedoch auch von Gesetzen geregelt. In ausdrücklicher Anlehnung an Kant betont Cassirer, dass der Philosoph aus Königsberg die Aufgabe angeht, nicht nur die theoretische Bedeutung in Wissenschaft und Philosophie zu verstehen, sondern auch den Entstehungsprozess dieser Bedeutung.

In diesem Zusammenhang hebt Cassirer hervor, wie wichtig es ist, den Erkenntnisakt zu untersuchen, anstatt sich nur auf die Ergebnisse zu konzentrieren. Die wahre Erkenntnis liegt seiner Meinung nach im freien Akt der Verknüpfung, der das Wissen im weiten Panorama des Geistes konstruiert. Die kantische transzendentale Philosophie, so Cassirer, ermöglicht durch ihre Fokussierung auf unsere Erkenntnisweise diese kritische Reflexion. Sie versucht, die «Form» der Erkenntnis zu klären, um sich ihrem letztendlichen Ziel anzunähern. Diese Form ist jedoch dynamisch zu verstehen, als Quelle permanenter Wandlung und des Werdens (wie bereits Natorp betonte):

«Die kritische Rechtfertigung und Begründung der Erkenntnis besteht vielmehr von nun ab eben darin, daß sie sich als vermittelt und vermittelnd, als ein geistiges Organon weiß, welches im Aufbau der Gesamtwelt des Geistes seine bestimmte Stelle hat und seine bestimmte Leistung vollzieht.»[233]

232 Cassirer, *Philosophie der symbolischen Formen. Dritter Teil: Phänomenologie der Erkenntnis. ECW 13*, 1.

233 Cassirer, 6.

Für Cassirer besteht die kritische Rechtfertigung der Erkenntnis darin, ihren vermittelten und aktiven Charakter anzuerkennen (gerade als Distanz, wie am Ende des vorhergehenden Kapitels hervorgehoben wurde). Dabei betont er die zentrale Rolle der Erkenntnis bei der Konstruktion eines umfassenderen Verständnisses der Welt des Geistes. In diesem Prozess werden die grundlegenden Konzepte der Disziplinen dynamisch und treten in eine wechselseitige Wechselwirkung. Wie er schreibt:

> «Und damit ist nun erst das Verhältnis von ‹Materie› und ‹Form› der Erkenntnis auf denjenigen Ausdruck gebracht, der der neuen Grundeinsicht Kants, der seiner ‹kopernikanischen Drehung› entspricht. Denn beide sind jetzt keine absoluten Seinspotenzen mehr, sondern sie dienen der Bezeichnung bestimmter Bedeutungsdifferenzen und Bedeutungsstrukturen.»[234]

Die von Cassirer entwickelte Philosophie der symbolischen Formen entfernt sich jedoch vom kantischen Ansatz, der auf das Faktum der Wissenschaft fokussiert ist, und nimmt eine umfassendere und vielfältigere Auffassung der Welt an. Sie beschränkt sich nicht auf eine streng analytische Betrachtung der wissenschaftlichen Erkenntnisproduktion, sondern strebt danach, alle Facetten des menschlichen Verstehens zu erfassen. Damit zeigt er, dass das Verstehen der Welt eine freie und schöpferische Tätigkeit des Geistes ist und keine bloße passive Registrierung der Realität und empirischer Daten darstellt: «Das ‹Verstehen› der Welt ist kein bloßes Aufnehmen, keine Wiederholung eines gegebenen Gefüges der Wirklichkeit, sondern es schließt eine freie Aktivität des Geistes in sich.»[235]

Diese Tätigkeit des Verstehens erfordert eine Unterscheidung zwischen den verschiedenen Dimensionen und Formen des Wissens, um die inhärente Pluralität sowie die spezifischen Charakteristika, die in ihnen enthalten sind, aufzuzeigen – ein Punkt, der, wie bereits erwähnt, auf der Philosophie Herbarts basiert. Die Art dieser Strukturierung variiert je nach dem spezifischen Strukturprinzip, das in jedem einzelnen Erkenntnisbereich vorherrscht.

Indem Cassirer dies zum Ausdruck bringt, betont er die Komplexität der Weisen, in denen die Welt verstanden wird, und hebt die multidimensionale Natur der geistigen Realität hervor. Innerhalb dieser Multidimensionalität erhält das Erkenntnisobjekt einen Wert und eine Autonomie, die aus dem Prozess hervorgehen, in dem es erzeugt wurde: «So zeigen insbesondere die Sprache und der Mythos je eine besondere ‹Modalität›, die ihnen spezifisch zukommt.»[236] Mit anderen Worten: Die Gültigkeit des Erkenntnisobjekts wird innerhalb des gewählten Produktionsaktes begründet.

234 Cassirer, 11.

235 Cassirer, 15.

236 Cassirer, 15.

Dieser Ansatz führt zu einem nuancierteren Verständnis der Beziehung zwischen Konzepten und sinnlichen Wahrnehmungen. In einem rein kritischen Kontext (wie im Fall von Kants *Kritik der reinen Vernunft*) wird die sinnliche Wahrnehmung häufig nur als eine vorläufige Phase zur Bildung wissenschaftlicher Begriffe betrachtet. Wie im ersten Kapitel gezeigt wurde, war dies eine unausgesprochene Voraussetzung in Kants Denken.

Diese Perspektive neigt jedoch dazu, eine vorgefertigte Vorstellung von Wissenschaft auf die wahrgenommene Realität zu projizieren. Die Struktur des Wahrgenommenen wird somit durch das Prisma wissenschaftlicher Zielsetzungen betrachtet, was das Verständnis der Fülle und Vielfalt der Realität einschränkt. In diesem Zusammenhang betont Cassirer: «Die Struktur des Wahrgenommenen und Angeschauten wird von vornherein sub specie des einen Zieles: des Zieles der wissenschaftlichen Objektivierung, des theoretischen Einheitsbegriffs der ‹Natur›, gesehen.»[237]

In diesem kritischen Ansatz, obwohl er die Gefahr birgt, die Komplexität der Gegebenheiten und der Empirie zu reduzieren (wie Husserl an Kant kritisiert), liegt dennoch ein wesentlicher Verdienst: Cassirer erkennt einen zentralen Punkt – die Unmöglichkeit, das empirische Material als vorgefertigt vorzufinden, wahrzunehmen oder zu erfassen. «Wir finden niemals die ‹nackte› Empfindung, als materia nuda», notiert Cassirer, «zu der dann irgendeine Formgebung hinzutritt – sondern was uns faßbar und zugänglich ist, ist immer nur die konkrete Bestimmtheit, die lebendige Vielgestalt einer Wahrnehmungswelt, die von bestimmten Weisen der Formung durch und durch beherrscht und von ihnen völlig durchdrungen ist.»[238]

Cassirers Ablehnung des Primats der *Kritik der reinen Vernunft* über andere Ausdrucksformen der Erkenntnis und der Objektivierung des menschlichen Seins hat den entscheidenden Verdienst, die Bedeutung einer umfassenden Betrachtung der Probleme hervorzuheben, die in der Konstruktion wissenschaftlicher Erkenntnis auftreten. Damit deutet er an, dass diese Probleme von gleicher philosophischer Relevanz sind. In diesem Zusammenhang erweitert Cassirer die bereits von Natorp vertretene organizistische Perspektive.

Wenn man diese Sichtweise übernimmt, beginnt man, die inhärente Dynamik des menschlichen Geistes zu erkennen, die die Starrheit einzelner Handlungen übersteigt. Innerhalb dieser Dynamik, so bemerkt Cassirer, verwandelt sich der Akt des Beobachtens in Kontemplation, die sich wiederum in Reflexion und Verbindung weiterentwickelt. Dadurch wird jede Beobachtung zu einer Form der Theoretisierung.

Von diesen Voraussetzungen ausgehend verfolgt Cassirer das Ziel, den Begriff der Theorie zu erweitern, um nicht nur die wissenschaftliche Erkenntnis zu

237 Cassirer, 16.
238 Cassirer, 16.

umfassen, sondern auch jede Form der Organisation und Vereinigung von Sinn. Theorie, so Cassirer, muss daher in all jenen Ausdrucks- und Verständnismodi gesucht werden, die einer spezifischen Sinneinheit Gestalt verleihen. Oder, wie er selbst schreibt:

> «Die Theorie kann und soll uns nicht auf die wissenschaftliche Erkenntnis der Welt, geschweige auf einen einzelnen logisch ausgezeichneten Kulminationspunkt derselben, eingeschränkt bleiben [...] Wir müssen sie überall dort aufsuchen, wo überhaupt eine spezifische Weise der Gestaltung, der Erhebung zu einer bestimmten Einheit des ‹Sinnes›, am Werke ist.»[239]

Eine Erweiterung des Theoriebegriffs ist auch deshalb von zentraler Bedeutung, weil die herkömmliche Erkenntnistheorie nicht ausreicht, um eine tragfähige methodische Grundlage für die Geisteswissenschaften zu schaffen. Cassirer schlägt daher eine Erweiterung der Erkenntnistheorie vor.

Um dieses Ziel zu erreichen, ist es essenziell, die verschiedenen Formen des «Verstehens» der Welt klar zu definieren und die jeweiligen Besonderheiten und Tendenzen zu erfassen. Nur durch eine Theorie der Formen des Denkens kann ein methodologischer Rahmen geschaffen werden, der den einzelnen Disziplinen der Geisteswissenschaften gerecht wird und ihre spezifischen Strukturen und Dynamiken erfasst: «Es mußte gezeigt werden, wie jede dieser Gestaltungen je eine eigene Aufgabe im Aufbau des Geistes erfüllt und je einem besonderen Gesetz untersteht.»[240]

Dieser Erarbeitung folgend konzentriert sich der erste Band der *Philosophie der symbolischen Formen* auf die Analyse der Sprache, während die nachfolgenden Bände die Phänomenologie des mythischen und religiösen Denkens sowie die Erkenntnistheorie im Zusammenhang mit dem wissenschaftlichen Denken behandeln werden.

## Von der Forma formata zur Forma formans

Aus diesen Voraussetzungen heraus besteht der erste methodologische Schritt, den Cassirer unternimmt, darin, den Ausgangspunkt der philosophischen Untersuchung zu transformieren: die klassische Frage nach dem Wesen, die ihren Ursprung in der platonischen Tradition hat. Der Begriff des «Seins» sollte nicht mehr als fester Ausgangspunkt betrachtet werden, sondern als ein Problem, das es zu untersuchen gilt. Während frühere DenkerInnen sich auf die Struktur und Organisation des Seins konzentrierten, richtet Cassirer den Fokus auf die Bedeutung des Begriffs selbst. Diese neue Perspektive markiert einen Übergang zu

239 Cassirer, 18.

240 Cassirer, *Philosophie der symbolischen Formen. Erster Teil: Die Sprache. ECW 11*, VII.

einer genetischen Analyse, die die Dynamik des Seins selbst ins Zentrum stellt: von der gebildeten Form zur formenden Form.

Infolgedessen wird das, was die Wissenschaft als ihr «Sein» und ihr «Objekt» betrachtet, nicht mehr als ein einfaches, unteilbares Gegebenes (also eine gebildete Form oder ein Faktum) betrachtet, sondern als eine konstante Transformation, die stets einen neuen Aspekt mit sich bringt. Der starre Begriff des «Seins» muss in Bewegung versetzt werden, wodurch die Einheit des Seins nur als Ziel eines sich entwickelnden Prozesses und nicht als Ausgangspunkt konzipiert werden kann. Während sich dieses Verständnis innerhalb der Wissenschaft durchsetzt, wird die Theorie, dass Wissen die Realität widerspiegelt, zunehmend infrage gestellt.

Die grundlegenden Konzepte jeder Wissenschaft, die Mittel, mit denen sie Fragen und Lösungen formuliert, werden nicht mehr als bloße passive Spiegelungen einer gegebenen Realität betrachtet, sondern als aktiv geschaffene intellektuelle Symbole. Besonders die Wissenschaft und das Wissen im Allgemeinen setzen sich mit dem Konzept der Realität und ihrer Fähigkeit, diese zu repräsentieren, auseinander. Anfangs hofft die Wissenschaft, die Realität direkt zu erfassen, erkennt jedoch, dass jede Form der Objektivierung in Wirklichkeit eine Vermittlung ist und stets vermittelt bleibt: «Die Wissenschaft gibt die Hoffnung und den Anspruch auf eine ‹unmittelbare› Erfassung und Wiedergabe des Wirklichen auf.»[241]

Der Akt des Wissens ist ein Akt, der sich in der Distanz materialisiert. Dies führt zu einer wichtigen Konsequenz: Die Definition des Wissensobjekts ist immer von besonderen logischen Strukturen beeinflusst. Daher gibt es keine einfache Entsprechung zwischen physischen, chemischen und biologischen Objekten, da jede wissenschaftliche Disziplin einen einzigartigen Blickwinkel bietet. Wiederum: Die Gültigkeit des Objekts ist ganz in das System von Handlungen eingebettet, das gewählt wurde, um es zu produzieren.

Daraus ergibt sich für Cassirer die neue Aufgabe, der sich die philosophische Kritik der Erkenntnis stellen muss: Sie muss dem Weg der speziellen Wissenschaften folgen und diesen betrachten, indem sie die Frage stellt, ob die intellektuellen Symbole, mit denen diese Disziplinen die Realität beobachten und beschreiben, als bloße Annäherung oder als verschiedene Manifestationen einer gleichen geistigen Funktion verstanden werden können. Vom Einfluss Natorps geprägt, besteht die Methode Cassirers darin, der Pluralität Gültigkeit zu verleihen, ihre Herkunft jedoch miteinander zu verflechten. Nachdem die Herkunft erforscht wurde, folgt eine weitere Aufgabe: die allgemeinen Bedingungen dieser Funktion festzulegen und das Prinzip, das sie regiert, zu klären. Anstatt nach der absoluten Einheit der Substanz zu suchen, der jede bestimmte Existenz zustreben muss, fragt sich Cassirer nun, welche Regel die konkrete Vielfalt und

241 Cassirer, 4.

Unterschiedlichkeit der erkenntnistheoretischen Funktionen regiert und diese in einer kohärenten und integrierten geistigen Handlung vereint. Diese will die Komplexität nicht erklären und reduzieren, sondern vielmehr ihre methodologische Herkunft aufzeigen.

## Die Kritik der Vernunft als Kritik der Kultur

Obwohl wissenschaftliches Wissen als universell und umfassend betrachtet werden kann, ist es in Wirklichkeit eine besondere Weise, die Vielfalt der Erfahrungen abzubilden. In der Tat gibt es andere Modalitäten der Objektivierung im intellektuellen Leben, die die Universalität auf unterschiedliche Weise im Vergleich zu den logischen Gesetzen erreichen. Jede wahre geistige Funktion besitzt eine innere schöpferische Fähigkeit, die über die bloße Reproduktion dessen hinausgeht, was existiert. Diese Fähigkeit ist nicht nur im Wissen, sondern auch in der Kunst, im Mythos und in der Religion vorhanden, von denen jede einzigartige symbolische Welten erschafft.

Dies ist laut Cassirer das Zentrum der «Revolution des Denkens», die Kant in der Philosophie eingeleitet hat. Wie bereits gesehen, beginnt Kant, anstatt vom Objekt als gegebener Entität unabhängig vom erkennenden Subjekt auszugehen, mit dem Prinzip des Wissens: mit den Handlungen, durch die wir die Welt erkennen. Dieser Ansatz impliziert eine Analyse der kognitiven Funktionen, um die notwendigen Bedingungen für die Bildung von Objektivität zu bestimmen. Kants Ansatz erweitert sich darauf, Aspekte wie Freiheit, Kunst und Natur zu berücksichtigen und dabei neue Dimensionen der Realität zu offenbaren. So wird die Kritik der Vernunft zu einer Kritik der Kultur, die zeigt, wie jeder kulturelle Inhalt eine originäre Handlung des Geistes voraussetzt:

> «Die Kritik der Vernunft wird damit zur Kritik der Kultur. Sie sucht zu verstehen und zu erweisen, wie aller Inhalt der Kultur, sofern er mehr als bloßer Einzelinhalt ist, sofern er in einem allgemeinen Formprinzip gegründet ist, eine ursprüngliche Tat des Geistes zur Voraussetzung hat.»[242]

Jedoch, und dies ist einer der zentralen Punkte, die den Ansatz der Kulturphilosophie von Natorp von demjenigen Cassirers unterscheiden, besitzen die geschaffenen Objektualitäten eine Dynamik und Existenz, die innerhalb des produktiven Handelns miteinander verbunden sind. Cassirer schreibt, und es ist es wert, ihn vollständig zu zitieren:

> «Denn der Inhalt des Kulturbegriffs läßt sich von den Grundformen und Grundrichtungen des geistigen Produzierens nicht loslösen: Das ‹Sein› ist hier nirgends anders als im ‹Tun› erfaßbar. Nur sofern es eine spezifische Richtung der ästhetischen Phantasie und

242 Cassirer, 9.

der ästhetischen Anschauung gibt, gibt es ein Gebiet ästhetischer Gegenstände – und das gleiche gilt für alle übrigen geistigen Energien, kraft deren für uns die Form und der Umriß eines bestimmten Gegenstandsbereichs sich gestaltet. Auch das religiöse Bewußtsein bildet – sosehr es von der ‹Realität›, von der Wahrheit seines Gegenstandes überzeugt ist – diese Realität nur auf der untersten Stufe, nur auf der Stufe eines rein mythologischen Denkens, in eine einfache dingliche Existenz um.»[243]

Die Tätigkeit des menschlichen Denkens manifestiert sich in der Schaffung von symbolischen Systemen der Sinne, die einen spezifischen Wert und eine eigene Objektivität beanspruchen. Diese Symbole beschränken sich nicht darauf, individuelle Erfahrungen zu reflektieren, sondern streben danach, eine universelle Bedeutung zu etablieren. In der symbolischen Funktion des Bewusstseins, wie sie in der Sprache, der Kunst und im Mythos zum Ausdruck kommt, treten grundlegende Formen hervor, die einen dynamischen und kontingenten Inhalt *(in fieri)* ersetzen und eine kohärente und dauerhafte Einheit schaffen.

## Die Autonomie des technischen Tuns

Wie in den vorherigen Kapiteln gezeigt, wurde das von Cohen formulierte Prinzip, das die gesamte neukantianische Bewegung geprägt hat – «Neue Probleme werden neue Kategorien bringen, neue Voraussetzungen erforderlich machen»[244] –, von Cassirer um eine klassische Ergänzung erweitert, die sich in der Tradition von Natorp befindet:

> «Wenngleich auch hier ständig neue Probleme aufbrechen, wenngleich die Arbeit der ‹Kritik› nirgends an ein Ende gelangt, so steht doch die *Richtung* dieser Arbeit seit den Tagen Kants und seit seiner Grundlegung der ‹Transzendentalphilosophie› für uns fest.»[245]

Nichtsdestotrotz bemerkt Cassirer: «Die Technik aber ist diesem Kreis der philosophischen Selbstbesinnung noch nicht wahrhaft eingeordnet. Sie scheint noch immer einen eigentümlich peripheren Charakter zu behalten.»[246]

Wie lässt sich nun die Technik untersuchen, ohne ihre Eigenart zu vernachlässigen? In seinem Text von 1930 mit dem Titel *Form und Technik* legt Cassirer die Grundlinien dieser Untersuchung fest und integriert die Technik in den Rahmen der symbolischen Formen.

In diesen Ausführungen untersucht Cassirer das komplexe Verhältnis zwischen Philosophie und Technik und stellt fest, dass trotz der Bemühungen des

243 Cassirer, 9.
244 Cohen, *Logik der reinen Erkenntnis*, 396.
245 Cassirer, «Form und Technik», 125.
246 Cassirer, 125.

Positivismus und Empirismus, beide Bereiche zu vereinen, eine wirkliche Harmonie noch nicht erreicht wurde. Die Philosophie, die sich seit jeher mit der kritischen Analyse der kulturellen und erkenntnistheoretischen Grundlagen der Menschheit beschäftigt hat, hat zwar solide theoretische Begründungen für Disziplinen wie Mathematik, Naturwissenschaften sowie Geschichts- und Geisteswissenschaften geliefert. Die Technik hingegen bleibt in dieser philosophischen Reflexion weiterhin randständig, und ihr eigentliches «Sein» ist noch nicht vollständig erfasst und verstanden worden.

Diese Lücke spiegelt eine kulturelle Spannung wider zwischen der dynamischen Natur der Technik und ihrer tiefergehenden Bedeutung, die das abstrakte philosophische Denken bislang nicht vollständig durchdringen konnte.

Um eine echte Einheit zu erreichen, so argumentiert Cassirer, muss die Philosophie es vermeiden, bloße Kompromisse einzugehen, und sich den grundlegenden Polaritäten zwischen sich selbst und der Technik stellen. Die Philosophie sollte der Technik nicht nur einen Platz neben den anderen kulturellen Bereichen zuweisen, sondern vielmehr untersuchen, wie diese zur Neudefinition und Bereicherung des gesamten kulturellen Horizonts beiträgt. Dieser Erweiterungsprozess ist nicht bloß quantitativ, sondern qualitativ, da er eine tiefgreifende Transformation der Art und Weise impliziert, wie wir Realität verstehen und mit ihr interagieren.

Schließlich kann die Philosophie ihrer eigentlichen Aufgabe nicht gerecht werden, indem sie sich auf eine externe und oberflächliche Analyse der Technik beschränkt. Vielmehr muss sie die Bedingungen der Möglichkeit technischen Handelns erforschen und dessen innersten Bedeutungsgehalt ergründen. Nur indem man vom technischen Produkt, dem materiellen «Gegebenen», zum generierenden Prinzip – von der «forma formata» zur «forma formans» (vom Gewordenen zum Prinzip des Werdens) – zurückgeht, lassen sich die Essenz und Funktion der Technik im Kontext der menschlichen Kultur wahrhaft begreifen.

Ausgehend vom Übergang vom technischen Produkt zu den Dynamiken, die es hervorgebracht haben, betont Cassirer, dass die Reflexion über die Technik nicht länger auf die Rolle einer «angewandten Wissenschaft» beschränkt werden darf. Vielmehr muss sie in Beziehung zum gesamten Bereich des geistigen Lebens gesetzt werden, wobei besonderes Augenmerk auf ihre Form, ihren Zweck und ihr inneres Gesetz gerichtet wird. Nur durch das Erkennen der formalen Dimension der technischen Arbeit lässt sich die enge Sichtweise auf die Technik als statisches Produkt überwinden, was den Zugang zu ihrer eigentlichen geistigen Bedeutung und ihrer Rolle im kulturellen Universum eröffnet.

Da die Technik eine autonome Form der Produktion darstellt, kann sie in Beziehung zu anderen symbolischen Formen gesetzt werden, etwa zur Sprache. Zwischen dem Fortschritt der Technik und dem der Sprache (einer weiteren symbolischen Form) besteht eine tiefgreifende Analogie, insbesondere in Bezug auf die Art und Weise, wie sich beide von einer anfänglichen Nachahmung der Natur hin zu einer eigenen Autonomie, einer Art «Reifung», entwickeln. Cassirer hebt hervor und untersucht, wie dieser Ablösungsprozess von der Natur – der sowohl von Cassirers Zeitgenossen als auch in der heutigen philosophischen Forschung oft übersehen oder nicht vollständig verstanden wird – einen zentralen Übergang sowohl für die symbolische Form der Technik als auch für die der Sprache markiert. Zwischen diesen beiden unterschiedlichen symbolischen Formen lassen sich mindestens vier Verbindungspunkte identifizieren:

### 1. Technik und Autonomie

Beginnen wir mit der Technik. Gemäß Cassirers methodischem Ansatz müssen wir die technische Form als *Forma formans* analysieren. Dabei fällt auf, dass Maschinen und Werkzeuge in ihrer Entwicklung zunächst oft direkt an die Natur und an manuelle Praktiken angelehnt sind. Viele Erfindungen der Geschichte wurden von der Natur inspiriert, wie etwa Dampfmaschinen oder die ersten Flugzeuge. Die entscheidende Revolution der Moderne liegt jedoch in dem Moment, in dem die Technik aufhört, die Natur zu imitieren oder manuelle Arbeit zu replizieren, und beginnt, ihre Probleme mit eigenen, oft völlig neuen Mitteln zu lösen.

Zum Beispiel bemerkt Cassirer:

- *Die Nähmaschine* wurde nicht entwickelt, um das manuelle Nähen zu imitieren. Vielmehr führte sie eine völlig neue Art des Nähens ein, die auf eigenen mechanischen Prinzipien basiert und sich von den manuellen Techniken grundlegend unterscheidet.
- *Das Walzwerk* etablierte eine Bearbeitungsmethode, die nicht einfach die Arbeit des Schmieds nachahmte, sondern die Metallverarbeitung revolutionierte, indem sie völlig neue Möglichkeiten zur Manipulation von Metallen schuf.

Die Schaffung neuer technischer Formen, die vom schöpferischen Tun des Subjekts abhängen und sich von der Natur emanzipieren, begründet die Technik als «ihre eigentliche Mündigkeit [...] Jetzt richtet sie eine neue Ordnung auf, die nicht in Anlehnung an die Natur, sondern nicht selten in bewußtem Gegensatz zu ihr gefunden wird.»[247] Diese Loslösung vom natürlichen oder handwerklichen Vorbild verleiht der Technik eine ontologische Dimension, in der die Maschine nicht mehr bloß repliziert, sondern eine eigene Ordnung schafft. Diese neue Art des Arbeitens kann sowohl unabhängig von der Natur sein als auch im Widerspruch zu ihr stehen, wodurch die Technik eine autonome und schöpferische Kraft im kulturellen Kosmos wird.

---

247 Cassirer, 153.

### 2. Sprache und Loslösung von der Natur

Dieses Konzept der Autonomie in der Technik spiegelt sich auch in der Entwicklung der Sprache wider. In den frühen Stadien der Sprache waren Laute und Wörter eng mit den Naturphänomenen verbunden. Beispielsweise sind Onomatopoetika Wörter, die versuchen, natürliche Geräusche nachzuahmen (wie das Rauschen des Wassers oder Tierlaute). In diesem Stadium bleibt die Sprache in unmittelbarer Verbindung mit der sinnlichen Erfahrung der physischen Welt.

Cassirer bemerkt jedoch, dass sich die Sprache allmählich von dieser «unmittelbaren Verbindung» zur Natur befreit. Sie wird zunehmend symbolisch, das heißt, sie hört auf, nur ein bloßes Abbild dessen zu sein, was wir in der äußeren Welt wahrnehmen, und beginnt, abstraktere und komplexere Konzepte zu repräsentieren: «Sie verläßt den Weg des onomatopoetischen Ausdrucks; sie ringt sich von der bloßen Lautmetapher los, um zum reinen Symbol zu werden. Und damit erst hat sie die ihr eigentümliche geistige Gestalt gefunden und festgestellt; ist die in ihr schlummernde Leistung zum wahrhaften Durchbruch gelangt.»[248] So wird die Sprache zu einem Medium, das universelle und abstrakte Ideen ausdrückt, die nicht mehr unmittelbar an ein bestimmtes physisches Objekt gebunden sind, sondern Bedeutungen vermitteln, die das Konkrete übersteigen.

### 3. Analogie zwischen Technik und Sprache

Cassirer sieht eine Analogie zwischen der Entwicklung von Technik und Sprache. Beide beginnen mit einer Nachahmung der Natur, lösen sich aber mit der Zeit von ihr und werden unabhängig, indem sie eine eigene Logik und einen eigenen Sinn entwickeln.

Im Falle der Technik zeigt sich diese Entwicklung deutlich, wenn die Maschine aufhört, die Natur nachzuahmen, und beginnt, neue und eigenständige Lösungen zu entwickeln. So wie die Sprache sich von der Nachbildung natürlicher Laute zur symbolischen Ausdrucksweise emanzipiert hat, befreit sich auch die Technologie von dem Versuch, die Natur zu kopieren, und wird kreativ und autonom: «Erst auf Grund dieses ‹Lossagens› tritt das, was sie selbst zu sagen und zu leisten haben, tritt ihr selbständiger Sinn und ihre autonome Funktion vollständig zutage.»[249]

### 4. Prinzip und Ergebnis

Cassirer legt dar, dass sowohl Technik als auch Sprache in ihrer Anfangsphase an die Natur gebunden sind, dieses Verhältnis jedoch nur den ersten Schritt hin

248 Cassirer, 153–154.

249 Cassirer, 153.

zu einer tieferen Transformation darstellt. Das wahre Wesen von Technik und Sprache liegt nicht in ihrer Nachahmung der Natur, sondern in ihrem «inneren Prinzip»: dem Bestreben, etwas Neues zu schaffen, das zuvor nicht existierte, und dadurch die Realität auf neuartige Weise zu verändern.

Im Fall der Technik bedeutet die Erfindung eines neuen Werkzeugs oder einer neuen Maschine beispielsweise nicht lediglich eine Verbesserung bestehender Methoden, sondern eine Revolution, die den «Modus» der Arbeit und die Wahrnehmung der Welt radikal verändert. Wie Cassirer betont: «Die Entdeckung des neuen Werkzeugs stellt eine Umbildung, eine Revolution der bisherigen Wirkungsart, des Modus der Arbeit selbst, dar.»[250]

Ähnlich durchläuft auch die Sprache einen vergleichbaren Prozess. Sie beschränkt sich nicht darauf, natürliche Laute nachzubilden, sondern entwickelt sich zu einem Medium für abstrakte und symbolische Konzepte. Die Sprache wird zu einem Werkzeug, das es ermöglicht, auf eine Weise zu «denken» und zu «kommunizieren», die weit über die bloße Imitation der äußeren Welt hinausgeht.

Cassirer schlägt daher vor, dass die wahre Entwicklung von Technik und Sprache nicht in der Nachahmung der Natur liegt, sondern in der Abkehr von dieser und der Schaffung eines «eigenen Ordnungsprinzips». Dieses Prinzip kann als eine höhere Form von Autonomie und Bewusstsein verstanden werden. Der Prozess der Loslösung von der Natur ist kein Rückzug aus der Welt, sondern vielmehr eine Transformation, die es sowohl der Technik als auch der Sprache ermöglicht, sich als autonome Formen zu entfalten, die in der Lage sind, neue Bedeutungen und Potenziale zu erschließen.

## Technik und theoretische Wissenschaft

Diese Beobachtung veranlasst Cassirer dazu, die Beziehung zwischen Technik und theoretischer Wissenschaft zu analysieren, die sich in einer besonderen Harmonie entfaltet. Diese Harmonie lässt sich besser verstehen, wenn man die Geschichte der «Entdeckung der Natur» betrachtet. Dabei handelt es sich nicht um eine rein wissenschaftliche Entdeckung, sondern um eine, die ebenso aus den Bedürfnissen und Fragestellungen von ErfinderInnen und TechnikerInnen hervorgeht. So waren im Zeitalter der Renaissance wissenschaftliche Entdeckungen und technische Erfindungen keineswegs getrennt, sondern gingen Hand in Hand, wie das Beispiel Leonardo da Vincis eindrucksvoll zeigt. Leonardo da Vinci unterschied nicht zwischen Theorie und Praxis, sondern vereinte sie auf einzigartige Weise. Er nutzte die Technik, um wissenschaftliche Theorien zu

250 Cassirer, 153.

entwickeln, und ließ sich im Gegenzug von theoretischen Erkenntnissen zu neuen technischen Erfindungen inspirieren.

Auch Galileo Galilei wird von Cassirer als Beispiel herangezogen, um zu verdeutlichen, wie die theoretische Wissenschaft durch technische Probleme beeinflusst und unterstützt wurde. Galileis Entwicklung wissenschaftlicher Instrumente spielte eine entscheidende Rolle bei seinen theoretischen Entdeckungen. Er verband Theorie und praktische Anwendung auf eine bahnbrechende Weise. In dieser Verbindung vollzog Galilei einen grundlegenden Schritt zur Bestimmung der Funktion und des Status der Technik: Sie wird nicht nur als Mittel zur Anwendung wissenschaftlicher Erkenntnisse verstanden, sondern auch als eine wesentliche Kraft, die die Wissenschaft selbst in ihrer Entwicklung prägt und vorantreibt.

Durch diese Wechselwirkung wird deutlich, dass die Technik nicht bloß eine abhängige oder untergeordnete Rolle spielt. Vielmehr wird sie zu einem integralen Bestandteil des wissenschaftlichen Erkenntnisprozesses, der das theoretische Denken herausfordert und erweitert:

> «In diesem Sinne hat jede wahrhaft originelle technische Leistung den Charakter des Ent-Deckens als eines Auf-Deckens: Es wird damit ein an sich bestehender Sachverhalt aus der Region des Möglichen gewissermaßen herausgezogen und in die des Wirklichen verpflanzt. Der Techniker ist hierin ein Ebenbild jenes Wirkens, das Leibniz in seiner Metaphysik dem göttlichen ‹Demiurgen› zuspricht, der nicht die Wesenheiten oder Möglichkeiten der Gegenstände selbst erschafft, sondern unter den vorhandenen, an sich bestehenden Möglichkeiten nur eine, und die vollkommenste, auswählt. So belehrt uns die Technik fort und fort darüber, daß der Umkreis des ‹Objektiven›, des durch feste und allgemeine Gesetze Bestimmten, keineswegs mit dem Umkreis des Vorhandenen, des sinnlich Verwirklichten zusammenfällt.»[251]

Da Vincis Entdeckungen wären ohne seine Arbeit an der Entwicklung und dem Bau wissenschaftlicher Instrumente nicht möglich gewesen. Dieser gemeinsame Schaffensprozess verdeutlicht, dass Technik und Wissenschaft untrennbar miteinander verbundene symbolische Formen darstellen. Beide sind Ausdruck einer schöpferischen Aktivität des Geistes, die auf die Erfassung und Gestaltung der Welt abzielt.

Es besteht jedoch ein entscheidender Unterschied zwischen den Ansprüchen des technischen und des wissenschaftlichen Handelns. Während die theoretische Wissenschaft danach strebt, die Realität so zu begreifen, wie sie ist, richtet sich die Technik stets auf das Mögliche, auf die Weise, wie die Dinge sein könnten. Technik beschränkt sich nicht darauf, die Welt zu verstehen; sie zielt darauf ab, sie zu verändern und Neues zu schaffen, das zuvor nicht existierte.

251 Cassirer, 160.

Der grundlegende Unterschied liegt in der zukunftsgerichteten Perspektive der Technik: Sie ist nicht nur retrospektiv analytisch, sondern prospektiv konstruktiv. Während die Wissenschaft nach dem Sein fragt, erkundet die Technik das Werdende. In dieser Ausrichtung auf das Potenzielle manifestiert sich der schöpferische Charakter der Technik, der sie zu einer treibenden Kraft kultureller und gesellschaftlicher Transformation macht.

## Handlungen und Richtung des Kennenlernens

Cassirer bietet uns also einen handlungszentrierten Ausgangspunkt für das Verständnis der Bestimmungen des Seins. Noch einmal: Im Anfang war die Tat. Und so schreibt Cassirer: «[D]er primitive Mensch, der sehr scharf ‹beobachtet›[,] kommt niemals zu ‹Naturgesetzen›, er ist *blind* für sie – sieht an ihnen einfach vorbei.»[252] Unter Bezugnahme auf Schlicks Schriften stellt Cassirer fest, dass Beobachtung und Experiment Handlungen sind, durch die wir in eine direkte Beziehung zur Natur treten. Schlick notiert:

> «Wir dürfen nicht vergessen, daß Beobachtung und Experiment *Handlungen* sind, durch die wir in direkten Verkehr mit der Natur treten. Die Beziehungen zwischen der Wirklichkeit und uns treten manchmal in Sätzen zutage, welche die grammatische Form von Aussagesätzen haben, deren eigentlicher Sinn aber darin besteht, Anweisungen zu möglichen Handlungen zu sein.»[253]

Cassirer stimmt mit diesen Worten von Schlick absolut überein, denen die Neopositivisten, seiner Meinung nach, noch mehr Gewicht verleihen sollten. Cassirer kommentiert daher wie folgt: «Hier also wieder das charakt[eristische] Wort: Handlung, ein ‹Tun› etc[.] – das immer dort auftritt[,] wo das empir[isch]-dogmat[ische] Schema des Neuposit[ivismus] sich als zu eng erweist[,] den Phaenomenen gerecht zu werden.»[254] Cassirer bemerkt weiter: «Das Reich der Form gewinnt Leben und Wirklichkeit im Reich der Tat»[255] und «das Ideelle verlangt die Bewährung im Schaffen und Umschaffen der Wirklichkeit.»[256] Dies bedeutet, dass Wissen nicht nur in der Theorie besteht, sondern sich konkret im Schaffen und Verändern der Welt manifestiert: «Nicht das bloße Betrachten, sondern das Tun bildet vielmehr den Mittelpunkt, von dem für den Menschen die geistige Organisation der Wirklichkeit ihren Ausgang

252 Cassirer, *Symbolische Prägnanz, Ausdrucksphänomen und «Wiener Kreis»*, 169. Hervorhebungen im Original.

253 Schlick, *Texte zur Quantentheorie*, 83. Hervorhebungen im Original.

254 Cassirer, *Symbolische Prägnanz, Ausdrucksphänomen und «Wiener Kreis»*, 180.

255 Cassirer, *Aufsätze und Kleine Schriften 1902–1921. ECW 9*, 258.

256 Cassirer, 262.

nimmt.»[257] Daraus folgt, dass das Subjekt, als *animal symbolicum*, durch die Gesamtheit der Handlungen gekennzeichnet ist, durch die wir die Welt erkennen und manipulieren können. In diesem Zusammenhang nähert sich Cassirer der fichteschen Gleichung von *Tat* und *Handlung* als Prinzip des Anfangs an:

> «Hier behält Fichte Recht:
> nicht ‹die Welt ist meine Vorstellung›.
> wohl aber die Welt ist meine Tat.»[258]

Die Beziehung zwischen dem Handeln und der Welt sollte jedoch nicht als statisch verstanden werden, sondern ist genetisch gegeben. In diesem dynamischen Prozess hat das Objekt verschiedene Möglichkeiten, einem Subjekt zu erscheinen, das es in seinen Praktiken strukturiert. Praktiken, das sei noch einmal betont, können vielfältig sein und sich in Propositionen über Objekte und die Arbeit mit ihnen materialisieren.

Die Sprache als die Fähigkeit, die Welt zu erschließen, ist daher eine der Möglichkeiten, durch die wir uns den Sachen selbst nähern, um ihre Eigenschaften zu verstehen. In diesem sprachlichen Akt erhält das Wort einen bedeutenden Anspruch. Cassirer bemerkt: «Das gesprochene Wort geht niemals im bloßen Schall oder Laut auf. Es will etwas bedeuten; es fügt sich zum Ganzen einer ‹Rede› zusammen, und diese Rede ‹ist› nur, indem sie von einem Subjekt zum andern hingeht und beide im Wechselgespräch miteinander verknüpft.»[259] In diesem Sinne ist «die Sprache [...] vielmehr eine bestimmte Grundrichtung des geistigen Tuns».[260] Sie ist nicht nur ein bloßes passives System, das widerspiegelt, was wir sehen oder hören. Sie ist eine «Richtung des Kennenlernens».[261] Durch die Sprache beschreiben wir nicht nur die Welt, sondern treten in eine neue Dimension der Realität ein.

Die Handlungen dieses Tuns sind keine bloßen Konventionen (wie die von Poincaré geschaffenen und als Konventionen betrachteten Prinzipien der Wissenschaft), sondern

> «sie sind Entwürfe, Antizipationen[,]
> [...] geistig-rationale Entwürfe
> (Taten der ‹Vernunft›)
> u[nd] als solche sind sie so wenig willkürlich, bloss-‹subjektiv›, daß sie vielmehr der Quell und Ursprung aller Objektivität sind[.]

257 Cassirer, *Philosophie der symbolischen Formen. Zweiter Teil: Das mythische Denken ECW 12*, 183.

258 Cassirer, *Symbolische Prägnanz, Ausdrucksphänomen und «Wiener Kreis»*, 183.

259 Cassirer, *Zur Logik der Kulturwissenschaften. Fünf Studien*, 15.

260 Cassirer, 16.

261 Cassirer, 16.

Freilich sind sie nicht in d e m Sinne synthetisch a priori, daß sie in irgend einer Weise endgültig sind –
Sie bewähren sich nur im Produkt – und der Prozess dieser Bewährung bricht prinzipiell nirgend[s] ab[.]
Auch Naturgesetze sind nicht Konventionen – sie sind Antworten auf Fragen, die wir frei an die Natur gestellt haben –
und die wir immer weiter stellen dürfen und müssen – keine ‹indeterministische› Metaphysik kann uns jemals diese Fragen verbieten[.]
Sie bewähren sich nur im Produkt – und der Prozess dieser Bewährung bricht prinzipiell nirgend[s] ab.»[262]

Der Akt offenbart sich also im Produkt, das durch ihn hervorgebracht wird, ohne sich jedoch in ihm zu erschöpfen. In diesem symbolischen und organischen Verhältnis (stark beeinflusst vom goetheschen Organismus) zwischen dem Akt und dem erzeugten Objekt muss das produzierte Objekt (das Faktum) als ein niemals endendes Werden verstanden werden, das eine Gültigkeit besitzt und sich in der Verwendung beweist, die es innerhalb einer größeren Forschungsrichtung haben kann – oder auch nicht. In dieser organischen Metamorphose des Objekts der Kultur stellt sich eine weitere Frage: Was ist also der Unterschied zwischen der Metamorphose des Kulturobjekts und der Metamorphose der Natur?

## Metamorphose des Kulturobjekts und Metamorphose der Natur: der Imperativ des Werkes

Auf den letzten Seiten seiner letzten Studie, *Die Tragödie der Kultur*, die Teil seiner *Zur Logik der Kulturwissenschaften* (1942) ist, zieht Cassirer eine grundlegende Unterscheidung zwischen dem Werden der Natur und dem der Kultur, das heißt zwischen der Metamorphose der beiden Objekte. Die Natur ist gekennzeichnet durch eine kontinuierliche Transformation ohne ein definiertes Ziel: Jeder Organismus entwickelt sich innerhalb einer festen Form, jedoch mit einer besonderen Freiheit, in einem Prozess der Bildung und Veränderung. Dennoch bleibt die Natur durch die Tatsache begrenzt, dass die vom Individuum erworbenen Veränderungen nicht vererbt werden können, gemäß dem biologischen Konzept der Nichtvererbbarkeit erworbener Merkmale. Diese individuellen Veränderungen treten auf und verschwinden, ohne das Schicksal der Art zu beeinflussen.

In der menschlichen Kultur hingegen wird dieses Limit überwunden. Die Menschen haben symbolische Formen wie Sprache, Kunst und Religion entwickelt, die nicht nur das Denken und die Emotionen des Einzelnen bewahren,

262 Cassirer, *Symbolische Prägnanz, Ausdrucksphänomen und «Wiener Kreis»*, 183.

sondern sie der Gemeinschaft zugänglich machen und sie im Laufe der Zeit beständig halten. Kulturelle Werke werden so zu Monumenten und Symbolen des Gedächtnisses, die über das physische Leben der Individuen hinaus bestehen können und die zukünftigen Generationen beeinflussen. Im Gegensatz zur Natur unterliegt die Kultur nicht passiv den Veränderungen, sondern wirkt auf sie ein, indem sie den individuellen Ausdruck in dauerhafte und kumulative kollektive Realisierungen transformiert: «Der Mensch hat in den ‹symbolischen Formen›, die das Eigentümliche seines Wesens und seines Könnens sind, gewissermaßen die Lösung einer Aufgabe vollzogen, die die organische Natur als solche nicht zu lösen vermochte.»[263] Aus diesem Grund muss jedes kulturelle Produkt in einen breiteren organischen Kontext integriert werden. In dieser Integration können Konflikte und Möglichkeiten der geschaffenen organischen Ordnung auftreten und bewertet werden.

Ein Beispiel hierfür ist die Technik. Cassirer stellt fest, dass die «Mängel und Schäden der modernen technischen Kultur»[264] nicht der Technik selbst inhärent sind, sondern vielmehr ihrer Integration in eine spezifische wirtschaftliche und soziale Ordnung zuzuschreiben sind. Die Technik ist ein Werkzeug, das höheren moralischen und geistigen Zielen dient. Ihre Funktion sollte die der «Dienerin, nicht der Führerin»[265] sein, da sie nicht selbst die Ziele bestimmen kann, sondern in eine umfassendere Vision integriert werden muss, die Ethik und das höchste Ziel der Kultur umfasst.

Darüber hinaus führt Cassirer aus, dass die Technik nur dann «Sinn» hat, wenn anerkannt wird, dass sie kein Selbstzweck ist, sondern Teil eines «Reichs der Zwecke»,[266] das in einen größeren Rahmen der moralischen Teleologie eingegliedert ist, wie die «ethisch-teleologische» Ausrichtung, die Kant beschrieben hat. Die Technik muss in eine wahre und endgültige Teleologie eingefügt werden, die sie auf höhere, ethische und menschliche Ziele ausrichtet. Dieses Konzept impliziert eine «Entmaterialisierung»[267] der Technik, bei der ihre Funktion nicht nur darin besteht, die Natur zu beherrschen, sondern auch eine moralische und geistige Dimension im menschlichen Tun zu fördern.

Zudem argumentiert Cassirer, dass, obwohl auch kulturelle Güter zerstört werden können, wie die Bibliothek von Alexandria oder die Gemälde von Leonardo, ihr Einfluss niemals vollständig verschwindet: Jede kulturelle Schöpfung bleibt mit der Gesamtheit der Kultur verbunden, selbst wenn sie nur durch den Einfluss weiterlebt, den sie auf andere Werke ausübt. Darin zeigt sich die Zentralität des Imperativs des Werkes:

263 Cassirer, *Zur Logik der Kulturwissenschaften. Fünf Studien*, 131.

264 Cassirer, «Form und Technik», 166.

265 Cassirer, 166.

266 Cassirer, 166.

267 Cassirer, 166.

> «Frage in dem, was Du tust und leistest, nicht nach der blossen ‹Wirkung›, sondern nach dem ‹Werk›[;] – stelle Dich unter den Imperativ des Werkes –
> Die Entdeckung dieses Imperativs des Werks – seines autochthonen und autonomen Sinnes, seiner ‹Bündigkeit›.»[268]

Mit anderen Worten: Es geht darum, nicht nur die unmittelbare Wirkung oder das Resultat im Blick zu haben, sondern den tieferen Sinn des Werkes selbst zu suchen: «Stelle Dich unter den Imperativ des Werkes»[269] und lasse Dich von dessen eigenem, autonomen Sinn («autochthon»[270]) und innerer Stimmigkeit («Bündigkeit»[271]) leiten.

Diese Entdeckung des Werkes und seines Sinnes ist «die eigentliche Tat des Sokrates».[272] Er verbindet Theorie und Praxis: Nicht bloß das konkrete Tun oder die unmittelbare Wirkung zählt, sondern die Idee, die sich dahinter verbirgt.

Die Idee ist jedoch weder ein bloßer Begriff («abstrakt-logisch»[273]) noch ein reines Tun («empirisch, technisch-praktisch, konkretes Wirken»[274]). Sie entsteht aus beiden, geht jedoch über beides hinaus: «[S]ie wurzelt in beidem – aber sie geht über beides hinaus.»[275] Sie besitzt eine eigene Transzendenz, die eine neue Ebene eröffnet, ein «drittes Reich»:[276] das Reich der reinen Formen. In diesem Reich zeigt sich, was wir als «Wahrheit, Güte, Schönheit»[277] bezeichnen – Werte, die in diesen Formen wurzeln.

Sokrates, und nach ihm Cassirer, fordert also nicht, nur auf die praktischen Effekte oder technischen Abläufe zu blicken, sondern im Werk selbst eine Synthese von Denken und Handeln zu entdecken: die Synthese von Theorie und Praxis. Diese Synthese macht die Produktion von symbolischen Formen möglich: Die Handlung belebt die Formen.

## Ausblick

Laut Cassirer kann die Wissenschaft nicht nur als ein System von Gesetzen und Beschreibungen betrachtet werden, sondern als eine kreative und dynamische menschliche Tätigkeit. Dies macht die Rolle (und die Freiheit) des Subjekts bei

268 Cassirer, *Zur Metaphysik der symbolischen Formen*, 190–191.
269 Cassirer, 191.
270 Cassirer, 191.
271 Cassirer, 191.
272 Cassirer, 191.
273 Cassirer, 191.
274 Cassirer, 191.
275 Cassirer, 191.
276 Cassirer, 191.
277 Cassirer, 191.

der Schaffung von Wissensformen von wesentlicher Bedeutung. In diesem Zusammenhang fordert Cassirer ein Umdenken im Verhältnis zwischen Subjekt und dem produzierten Objekt. Die Vorstellung, dass Beobachtung eine Handlung ist, bricht mit der traditionellen Trennung von Subjekt und Objekt. Es gibt keine völlig «äußere» Realität, die wir passiv beobachten; das, was wir erkennen, ist stets durch unsere Interaktion mit der Welt vermittelt. Infolgedessen ist Wissen kein Satz von statischen Wahrheiten, sondern ein kontinuierlicher Prozess, der sich durch menschliches Handeln entwickelt. Dieser Ansatz zeigt alle kritischen Aspekte auf, die mit der Aufrechterhaltung einer Untersuchungsmethode verbunden sind, die die Handlung des Subjekts und die Dynamik des produzierten Objekts nicht berücksichtigt. Wie Cassirer bemerkt:

> «Auch die *Physik*, nicht nur die Philosophie[,] ist eben ein *Tun* – und die Analyse dieses Tuns muss mit ganz anderen Kriterien u[nd] Kategorien erfolgen, als die *Analyse* der Natur-*Objekte* – die ‹Physik› gehört ja nicht der *Dingwelt* an – sie kann mit ihren Mitteln diese Dingwelt begreifen, aber sie kann nicht ‹sich selbst› begreifen – weil sie selbst ein Kultur-Faktum, kein Natur-Faktum ist [–] für Kultur-Fakten ist das Forum nicht die Physik, sondern die ‹*Philo-s[ophie] der symbol[ischen] Formen*›.»[278]

Wieder einmal war im Anfang die Tat. Doch diese Tat erschafft symbolische Objekte, die in ihrem Erscheinen diese Tat verständlich machen. Oder, in den Worten von Cassirer:

> «‹Im Anfang war die Tat› u[nd] zwar ist es ein System von freien Taten, kraft deren der Mensch seine Welt aufbaut – Keine von ihnen lässt sich erzwingen, lässt sich logisch-formal als ‹notwendig› ansehen – die Tat muss vollzogen werden, um in ihrem Vollzug begriffen zu werden – begriffen in ihren Voraussetzungen und in ihrem Ergebnis, in ihren Bedingungen und in ihrem Wert.»[279]

278 Cassirer, *Symbolische Prägnanz, Ausdrucksphänomen und «Wiener Kreis»*, 212. Hervorhebungen im Original.

279 Cassirer, 182.

# 6. Taten, Praktiken und Spielen

«... und schreib getrost ‹lm Anfang war die Tat›.»

Ludwig Wittgenstein, *Über die Gewissheit*, § 402.

Eines der wichtigsten philosophischen Werke, das die zweite Hälfte des 20. Jahrhunderts geprägt hat und im 21. Jahrhundert eine produktive Rückkehr erlebt, sind Ludwig Wittgensteins *Philosophische Untersuchungen.* Wie bekannt, schlägt Wittgenstein in diesem Text eine Methodologie zur philosophischen Analyse der Sprache vor, indem er «eine Menge von Landschaftsskizzen, die auf diesen langen und verwickelten Fahrten entstanden sind»,[280] untersucht. Ausgehend von der Beobachtung, dass «wir den Gebrauch unserer Wörter nicht *übersehen.*– Unserer Grammatik fehlt es an Übersichtlichkeit –»,[281] führt Wittgenstein das Konzept der «übersichtlichen Darstellung»[282] ein, um zu zeigen, wie die Bedeutung eines Begriffs in der Vielfalt seiner Sprachspiele zu verstehen ist.

Wittgensteins späte Philosophie hilft uns zu verstehen, wie das Verhältnis zwischen Anfang, den Grundlagen des Wissens und Handlungen auf eine pluralistische Weise neu überdacht werden kann, um die wissenschaftliche und technologische Produktion zu fundieren. In der Tat bietet Wittgensteins bleibendes Erbe in der Sprachphilosophie mit seinen *Philosophischen Untersuchungen* wertvolle methodologische Einsichten, um sich mit der heutigen Wissenschaft und Technologie auseinanderzusetzen,[283] insbesondere in der sogenannten Philoso-

---

280 Wittgenstein, *Philosophische Untersuchungen = Philosophical investigations / Ludwig Wittgenstein*, Vorwort.

281 Wittgenstein, § 122, Hervorhebungen im Original.

282 Wittgenstein, § 122. Es gibt eine umfangreiche Literatur zur Notion der «übersichtlichen Darstellung». Für die allgemeine Debatte verweise ich lediglich auf das kürzlich veröffentlichte Buch von Alois Pichler, *Style, Method, and Philosophy in Wittgenstein.* Dieses Buch enthält zahlreiche Verweise auf die Sekundärliteratur zu Wittgenstein und seines Begriffs der «übersichtlichen Darstellung».

283 Nordmann, *Technikphilosophie: Eine Einführung*; Coeckelbergh, *Using words and things: Language and philosophy of technology*; Nordmann, «The Grammar of Things»; Tamborini, *Biorobotik*; Tamborini, «Philosophie der Bionik: Das Komponieren von bio-robotischen Formen»; Chang, «The philosophical grammar of scientific practice«; Chang, *Realism for Realistic People*; Tamborini, «The Epistemology of Bio-Inspired Disciplines: Unpacking Modelling in Biorobotics».

phie der Wissenschaft und Technologie in der Praxis. Ein zentrales Prinzip dieser Methodologie ist es, sich auf das zu konzentrieren, was WissenschaftlerInnen tun, und so eine «philosophische Grammatik der wissenschaftlichen Praxis»[284] herauszuarbeiten. Darüber hinaus ist es die Hauptaufgabe dieses Ansatzes, basierend auf der in den vorherigen Kapiteln beschriebenen historischen Vorarbeit, noch weiter in unserem Philosophieren vorzustoßen, und die Philosophie der Wissenschaft und Technik sowie allgemein die Kulturphilosophie der Gegenwart weiter auszudehnen.

## Details in Aktion: Philosophie als konkrete Untersuchung

Ein Verdienst von Wittgensteins *Philosophischen Untersuchungen* ist die Aufforderung zu einer konkreten philosophischen Untersuchung und der Aufmerksamkeit auf die Details, die mit den analysierten philosophischen Problemen verbunden sind. Eines der Mottos von Wittgensteins Buch könnte wie folgt verstanden werden: wir müssen «die Einzelheiten der Vorgänge ins Auge fassen; was vorgeht *aus der Nähe betrachten*».[285] Tatsächlich schreibt Wittgenstein in einer berühmten Bemerkung, dass, wenn jemand denkt, eine Maus sei spontan «aus grauen Fetzen und Staub» entstanden,[286] es besser wäre, diese Fetzen und den Staub sorgfältig zu untersuchen, um zu verstehen, wie die Maus sich dort versteckt haben könnte, wie sie dorthin gelangt ist und so weiter. Doch fügt Wittgenstein hinzu: «Was es aber ist, das sich in der Philosophie einer solchen Betrachtung der Einzelheiten entgegensetzt, müssen wir erst verstehen lernen.»[287] Ausgehend von unserer Beziehung zur Welt (mit all unseren Vorurteilen, die dieser Beziehung beiwohnen), haben philosophische Analysen die Aufgabe (und die Pflicht), die Details gründlich zu untersuchen, die einem bestimmten Problem zugrunde liegen. Zum Beispiel beobachte ich als Philosoph die soziale Praxis des Glaubens an die spontane Generation «aus grauen Fetzen

284 Siehe Chang, «The philosophical grammar of scientific practice»; Chang, «Is pluralism compatible with scientific realism?»; Tamborini, «Exploring the Transition: Biology, Technology, and Epistemic Activities»; Tamborini, «The Elephant in the Room: The Biomimetic Principle in Bio-Robotics and Embodied AI»; Tamborini, *Entgrenzung. Die Biologisierung der Technik und die Technisierung der Biologie*; Tamborini, «The Epistemology of Bio-Inspired Disciplines: Unpacking Modelling in Biorobotics»; Tamborini, «Homo Translator: Concretizing the Human-in-the-Loop in Bio-Inspired Technologies»; Tamborini, «The ethics of bioinspired animal-robot interaction: A relational meta-ethical approach»; Tamborini, «Sustainability of AI and robotics: towards a unified framework for intelligence biosystems»; Nordmann, *Technikphilosophie: Eine Einführung*; Nordmann, «The Grammar of Things».

285 Wittgenstein, *Philosophische Untersuchungen = Philosophical investigations / Ludwig Wittgenstein*, § 51. Hervorhebungen im Original.

286 Wittgenstein, § 52.

287 Wittgenstein, § 52.

und Staub».[288] Anstatt sofort eine theoretische Ursache-Wirkungs-Schlussfolgerung zu ziehen – was im Fall der Maus übrigens ziemlich absurd wäre –, nähere ich mich an und beschreibe, was passiert, um es zu verstehen. Ich beobachte und beschreibe im Detail, was geschieht und wie es geschieht.

Darauf aufbauend sollten PhilosophInnen Sprache und andere Phänomene aus verschiedenen Perspektiven analysieren. Denn «[u]nsere Sprache kann man ansehen als eine alte Stadt: Ein Gewinkel von Gäßchen und Plätzen, alten und neuen Häusern, und Häusern mit Zubauten aus verschiedenen Zeiten; und dies umgeben von einer Menge neuer Vororte mit geraden und regelmäßigen Straßen und mit einförmigen Häusern»[289] und daher «kann man sich in verschiedener Weise für ein Phänomen interessieren.»[290] Im Folgenden sollten die PhilosophInnen die verschiedenen Rollen hervorheben, die diese Perspektiven in den verschiedenen Sprachspielen spielen. Wie Wittgenstein bekannterweise schreibt: «Die Frage ‹Was ist eigentlich ein Wort?› ist analog der ‹Was ist eine Schachfigur?›.»[291] Außerhalb des Schachspiels hat das Stück keine Bedeutung. Ebenso hat ein Wort nur innerhalb eines möglichen Satzes von Aktivitäten (d.h. Sprachspiel) und des breiteren Kontextes (d.h. einer Lebensform), in dem es verwendet wird, Bedeutung. Oder wie Wittgenstein bemerkt: «Das Wort ‹Sprachspiel› soll hier hervorheben, daß das Sprechen der Sprache ein Teil ist einer Tätigkeit, oder einer Lebensform.»[292]

Indem sie beschreiben, welche Arten von Handlungen wir ausführen, wenn wir Wörter verwenden und wie wir auf diese Weise auf die Wörter anderer reagieren, zielen PhilosophInnen nicht darauf ab, das System von Regeln für die Verwendung unserer Wörter in nie gehörten Weisen zu verfeinern oder zu vervollständigen. Das Ziel ist es, «die Wörter von ihrer metaphysischen, wieder auf ihre alltägliche Verwendung zurück [zu] führen».[293]

Wittgenstein fordert uns also auf, den Ausgangspunkt unserer Analysen zu hinterfragen: Was tun wir, aus welcher Perspektive philosophieren wir, in welchem Kontext und warum? Er fordert uns auch auf, alle Details des Problems, dem wir uns gegenübersehen, im gewählten Blickwinkel zu durchleuchten und zu prüfen, was passiert, ohne dies sofort auf theoretisches Wissen zu reduzieren. Kurz gesagt: Wittgenstein schlägt vor, in die Details zu graben, die den Standpunkt ausmachen, von dem aus und in dem wir agieren.

Die zugrunde liegende Idee in Wittgensteins späterer Philosophie ist, dass Sprache eine Aktivität ist, die in verschiedenen Umständen stattfindet. Wenn

288 Wittgenstein, § 52.
289 Wittgenstein, § 18.
290 Wittgenstein, § 108.
291 Wittgenstein, § 108.
292 Wittgenstein, § 23.
293 Wittgenstein, § 116.

wir uns in der Sprache bewegen, nehmen wir an einem Spiel teil, das von impliziten Regeln geregelt wird, die für die Teilnahme im breiteren soziokulturellen Kontext wesentlich sind. Wenn wir eine Sprache sprechen, beherrschen wir eine Technik, und «[e]inen Satz verstehen, heißt, eine Sprache verstehen. Eine Sprache verstehen, heißt eine Technik beherrschen.»[294] Ebenso kann Technologie als eine Form der Sprache betrachtet werden – ein Werkzeug, das in bestimmten Kontexten genutzt wird und durch Praxis erworben wird. Die Bedeutung der Technologie ist nicht festgelegt; vielmehr variiert sie mit der Nutzung der Technologie, die wir wählen zu verwenden und zu beherrschen, sowie dem Kontext, in dem sie verwendet wird. Der Philosoph Mark Coeckelbergh bezeichnet dies als «Technologie-Spiel»,[295] wobei er betont, dass Technologien Teil von Aktivitäten und Spielen sind, die bestimmte Verwendungen formen und ihnen Bedeutung verleihen. Der Einsatz von Technologie ist immer Teil eines größeren Ganzen, das ihr Bedeutung verleiht, und er ist nur auf der Grundlage der transzendentalen Bedingungen sinnvoll, die diese gestalten und begrenzen.

Aus Wittgensteins Perspektive ist Sprache daher eng mit der möglichen Handlungsweise verbunden, und alle Details eines philosophischen Problems sollten sorgfältig berücksichtigt werden. Tatsächlich sind philosophische Probleme vor allem sprachliche Probleme («denn die philosophischen Probleme entstehen, wenn die Sprache feiert»[296]), eine reine begriffliche Analyse reicht jedoch nicht aus, um sie zu lösen, da Sprache eine Aktivität ist. Dies wiederum spiegelte Cassirers Fokus auf Aktivität und Sprache und die Methode der philosophischen Untersuchung wider. Cassirer schreibt:

> «Wer die Kritik der Erkenntnis erst mit der Wissenschaftstheorie, mit der Analyse der Grundbegriffe und Prinzipien der Mathematik, der Physik, der Biologie, der Geschichte beginnen läßt, der setzt den Hebel gewissermaßen zu hoch an. Aber ebenso verfehlt derjenige den richtigen Ansatz, für den das Wissen nichts anderes als eine einfache Konstatierung dessen ist, was uns in den Elementen der Sinnesempfindung unmittelbar gegeben ist. [Da] die Sprache durchaus nicht der einfache Abdruck von Inhalten und

294 Wittgenstein, § 198.

295 Coeckelbergh, «Technology games: Using Wittgenstein for understanding and evaluating technology»; Coeckelbergh, «Technology games/gender games. From Wittgenstein's toolbox and language games to gendered robots and biased artificial intelligence»; Coeckelbergh, *Using words and things: Language and philosophy of technology*; Coeckelbergh, «You, robot: on the linguistic construction of artificial others»; Coeckelbergh, «Three responses to anthropomorphism in social robotics: Towards a critical, relational, and hermeneutic approach»; Tamborini, «Exploring the Transition: Biology, Technology, and Epistemic Activities»; Tamborini, «The Epistemic Grammar of Bioinspired Technologies: Shifting the Focus from Nature to Scientific Practices»; Gunkel, *Person, thing, robot: A moral and legal ontology for the 21st century and beyond.*

296 Wittgenstein, *Philosophische Untersuchungen = Philosophical investigations / Ludwig Wittgenstein*, § 38.

> Beziehungen ist, die uns die Empfindung unmittelbar darbietet. Ihre Ideen sind keineswegs, wie es das sensualistische Dogma verlangt, die bloßen Kopien von Impressionen.»[297]

Die methodologische Einsicht ist daher, von abstrakten (und ziemlich metaphysischen) Begriffen zu konkreten Handlungen zurückzukehren, die in spezifischen Situationen verkörpert sind. Tatsächlich haben Situationen ihre eigene Grammatik und Bedeutung. Wie der Philosoph Avner Baz bemerkt, betrachtet Wittgenstein «die Bedeutung von Wörtern als eine Funktion der Verwendung, zu der die Wörter bestimmt sind oder bestimmt werden können – die Arbeit, die die Wörter leisten, oder die Arbeit, zu der sie in bestimmten Umständen von konkreten Menschen geeignet sind».[298] Die Philosophin Anne-Marie Søndergaard Christensen kommentiert weiter, dass Wittgenstein «eine Auffassung von Sprache entwickelt, die durch eine Vielzahl unterschiedlicher Grammatiken strukturiert ist (vgl. PU §90), die in unserer Verwendung von Wörtern etabliert sind, denen es aber oft an Klarheit fehlt und die daher Vielzahl unterschiedlicher Formen philosophischer Klärung erfordern (vgl. PU §112)».[299] Hier, an der Grundlage einer Sprache und eines Sprachspiels, steht also Kultur, oder vielmehr, es gibt ein geschichtetes Handeln und einen Generator von Möglichkeiten. Kurz gesagt: Wir begegnen einer Lebensform.

## Philosophie der Wissenschaft und Technik in der Praxis

Einer der zeitgenössischen PhilosophInnen, die sich für die Bedeutung einer Philosophie der Wissenschaft in der Praxis einsetzen, ist Hasok Chang. In zahlreichen Veröffentlichungen[300] hat er die Idee unterstützt, dass wir ein praktisches, funktionales Modell des Wissens benötigen, das unsere aktuellen besten Praktiken widerspiegelt und gleichzeitig Möglichkeiten zur Verbesserung aufzeigt. Um ein untrügliches Modell der Wissensproduktion zu schaffen, müssen wir Wissen zuerst im Kontext menschlichen Handelns verstehen. Konkret fordert Chang, dass wir Wissen als die Fähigkeit betrachten sollten, Aufgaben auszuführen. In der traditionellen Philosophie, so argumentiert Chang, wird Wissen oft als der geistige Besitz von wahren Aussagen oder organisierten Sätzen (Theorien) definiert.

---

297 Cassirer, *Zur Logik der Kulturwissenschaften. Fünf Studien*, 16.

298 Baz, «On when words are called for: Cavell, McDowell, and the wording of the world», 482. Meine Übersetzung.

299 Christensen, *Wittgenstein and ethics*, 43. Meine Übersetzung.

300 Chang, *Is Water H2O?*; Chang, «The philosophical grammar of scientific practice»; Ankeny u.a., «Introduction: philosophy of science in practice»; Chang, *Realism for Realistic People*.

Indem wir auf die Art und Weise schauen, wie WissenschaftlerInnen in verschiedenen Epochen mit der Wissensproduktion umgegangen sind, können wir wichtige Einsichten darüber gewinnen, wie Wissen durch einen Prozess der Intervention[301] erworben wird. Chang betont daher, dass in der Wissenschaft vieles von dem, was wir Wissen nennen, darauf abzielt zu wissen, wie man bestimmte Aufgaben ausführt, was nicht gut in die traditionelle propositionalistische Auffassung von Wissen passt.[302] Wie Ian Hacking hervorgehoben hat, sind Schöpfung und Produktion wesentliche Aspekte wissenschaftlicher Arbeit, unabhängig von der unmittelbaren praktischen Nützlichkeit der Schöpfungen: «We represent and we intervene. We represent in order to intervene, and we intervene in the light of representations.»[303]

Laut Chang müssen wir, um zu bewerten, was gute wissenschaftliche Praxis ausmacht, einen neuen Rahmen schaffen, in dem wir eine Theorie philosophisch bewerten können. In einigen Arbeiten hat Chang vorgeschlagen,[304] wissenschaftliche Aktivitäten im Hinblick auf epistemische Aktivitäten und Praktiken zu analysieren, wobei epistemische Aktivitäten den Erwerb, die Bewertung und den Gebrauch von Wissen umfassen. Aktivitäten in diesem Kontext können nicht auf einfache Aussagen reduziert werden, d.h. auf propositionales Wissen.

Beispielsweise basiert die Bedeutung von Begriffen wie «Meter» oder «Kilogramm» auf einem komplexen Netzwerk epistemischer Handlungen, das von Institutionen wie dem Internationalen Büro für Maß und Gewicht in Paris koordiniert wird. Die Einbettung von solchen Handlungen in soziokulturelle Kontexte begegnete uns schon bei Wittgenstein. Wie er in seinen *Philosophischen Untersuchungen* vorschlug, wird so Semantik, die zur Lösung eines philosophischen Problems dienen kann, zu einer Aktivität.

Changs Hauptthese ist somit ein Aufruf zu einer alternativen philosophischen Perspektive, die Wissen im Kontext von Handlung und den möglichen Lebensformen betrachtet, in denen dies stattfindet. Wissen ist etwas, das Menschen tun: eine Tätigkeit. Der zentrale Akteur des Wissens ist das Individuum mit seiner gesamten historischen und konkreten Existenz.

Die Neudefinition von Wissen, Wahrheit und Realität, die Chang vorschlägt, basiert auf dem Konzept der «operativen Kohärenz»: «Im Wesentlichen bedeutet operative Kohärenz, dass die Elemente unserer Aktivitäten harmonisch zusammenpassen, damit unsere Ziele erreicht werden können. Es kann sich um etwas so Alltägliches handeln wie die geschickte Koordination körperlicher Be-

301 Hacking, *Representing and intervening: Introductory topics in the philosophy of natural science.*

302 Vgl. Chang, *Realism for Realistic People.*

303 Hacking, 31.

304 Siehe z.B. Chang, *Is Water H2O?*; Chang, «The philosophical grammar of scientific practice»; Chang, *Realism for Realistic People.*

wegungen und materieller Bedingungen beim Fahrradfahren oder um etwas so Esoterisches wie die erfolgreiche Integration materieller Technologien und abstrakter Theorien in den Betrieb des globalen Positionierungssystems (GPS).»[305]

Durch diese Perspektive, die auch ich in diesem Buch vertrete, können wir einige philosophische Debatten neu überdenken. Oder besser gesagt, wir können einige philosophische Konzepte materialisieren, um zu sehen, wie sie möglicherweise funktionieren oder nicht funktionieren. Bioinspirierte Wissenschaften (insbesondere Biorobotik) wurden oft durch das Verhältnis zwischen Modellen (d. h. Robotern) und der Welt (biologischen Organismen) analysiert. Indem wir uns darauf konzentrieren, was WissenschaftlerInnen tun, um bioinspirierte Objekte zu produzieren, können wir weitere Aspekte der möglichen philosophischen Rechtfertigungen hinter dem Übergang zwischen Modellen und der Welt greifbar machen, ohne notwendigerweise nur eine mögliche philosophische Rechtfertigung zu vertreten.

Erweiternd unterscheidet Chang innerhalb des Konzeptes der operativen Kohärenz zwischen epistemischen Aktivitäten und Praktiken.[306] Erstere sind «mehr oder weniger kohärente Sätze von mentalen oder physischen Operationen, die darauf abzielen, Wissen auf eine bestimmte Weise zu produzieren oder zu verbessern»;[307] während «ein System von Praktiken durch einen kohärenten Satz epistemischer Aktivitäten gebildet wird, die mit dem Ziel durchgeführt werden, bestimmte Ziele zu erreichen».[308] Die Beziehung zwischen Zielen, Kontext und Handlungen unterscheidet sich zwischen diesen beiden Praktiken: In epistemischen Aktivitäten gibt es inhärente Ziele (das Hauptziel einer Aktivität) und externe Funktionen oder den breiteren Kontext bzw. die Konsequenzen, die die Aktivität erfüllen. Das Zusammenspiel zwischen ihnen erzeugt eine kohärente Aktivität. Diese «ist gut für die Erreichung ihres Ziels konzipiert.»[309]

Doch, und das ist ein wesentlicher Punkt, wenn wir das inhärente Ziel ändern, ändert sich auch die epistemische Aktivität – und die Bedeutung, die mit dieser Handlung verbunden ist: «Zum Beispiel», argumentiert Chang, «wenn wir uns mit der Tätigkeit des Nagelns beschäftigen, können wir uns von Stahlwänden umgeben finden; das Vernünftige in dieser Situation wäre, das Nageln zu stoppen und einen anderen Weg zu finden, das Bild aufzuhängen. Es macht Sinn, das Streben nach einem unerreichbaren Ziel zu beenden. Wenn wir das inhärente Ziel einer Aktivität ändern, hört die Aktivität auf zu existieren. Mit einem neuen Ziel betreten wir eine neue Aktivität, mit einer ganz neuen Beurtei-

---

305 Chang, *Realism for Realistic People*, 4. Meine Übersetzung.

306 Chang, *Realism for Realistic People*; Chang, *Is Water H2O?*; Chang, «The philosophical grammar of scientific practice».

307 Chang, *Realism for Realistic People*, 35. Meine Übersetzung.

308 Chang, 36. Meine Übersetzung.

309 Chang, 40. Meine Übersetzung.

lung der Kohärenz.»[310] Umgekehrt «hat ein System von Praktiken mehrere Systemziele, und jedes dieser Ziele ist nicht innerhalb einer der beteiligten Aktivitäten lokalisierbar.»[311] Jedes Praktikensystem verfolgt unterschiedliche Ziele, die sich nicht immer auf eine einzelne Aktivität reduzieren lassen. In den Worten von Cassirer könnte man sagen, dass Praktikensysteme verschiedene symbolische Systeme hervorbringen. Innerhalb dieser Interkonnektion ist es entscheidend, im Detail zu analysieren – sowohl in statischer als auch in genetischer Perspektive –, was geschieht. Denn gerade in diesem Prozess entsteht eine Vielzahl von Aktivitäten und kulturellen Praktiken.

## Wörter wie Handgriffe

Wittgenstein vertritt die gleiche Art von Kontinuität zwischen Lebensformen und Sprachen, die auch von Chang und anderen zeitgenössischen PhilosophInnen der Wissenschaft und Technik vertreten wird. Wie Mark Coeckelbergh bemerkt (unter Berufung auf Wittgensteins *Über Gewissheit*): «[W]issen, wie man Sprache verwendet, bedeutet, zu wissen, wie man ‹bestimmte Dinge tut› (§ 534, S. 71e). Es geht darum, Aktivitäten und Spiele zu lernen.»[312]

In der Tat ist es nicht grundsätzlich problematisch, dass der Begriff der «Natur» innerhalb heutiger wissenschaftlicher und technischer Disziplinen wie der Biomimetik, Biomimikry und anderen naturinspirierten Technologien[313] verschiedene Bedeutungen trägt. Der Begriff der Natur, wie viele andere Begriffe, ist polysemantisch und besitzt die Eigenschaft, einheitlich zu erscheinen. Eine Bemerkung von Wittgenstein fasst diesen Gedanken treffend zusammen:

> «Wie wenn wir in den Führerstand einer Lokomotive schauen: da sind Handgriffe, die alle mehr oder weniger gleich aussehen. (Das ist begreiflich, denn sie sollen alle mit der Hand angefaßt werden.) Aber einer ist der Handgriff einer Kurbel, die kontinuierlich verstellt werden kann (sie reguliert die Öffnung eines Ventils); ein andrer ist der Handgriff eines Schalters, der nur zweierlei wirksame Stellungen hat, er ist entweder umgelegt, oder aufgestellt; ein dritter ist der Griff eines Bremshebels, je stärker man zieht, desto

310 Chang, 17. Meine Übersetzung.

311 Chang, 39. Meine Übersetzung.

312 Coeckelbergh, «Technology games: Using Wittgenstein for understanding and evaluating technology», 1508. Meine Übersetzung.

313 Siehe dazu Tamborini, *Entgrenzung. Die Biologisierung der Technik und die Technisierung der Biologie*; Gerola, Robaey und Blok, «What Does it Mean to Mimic Nature? A Typology for Biomimetic Design»; Dicks, *The Biomimicry Revolution: Learning from Nature How to Inhabit the Earth*; Blok, «Technology as mimesis: Biomimicry as regenerative sustainable design, engineering, and technology»; Tamborini, «Exploring the Transition: Biology, Technology, and Epistemic Activities»; Blok, «Biomimicry and the Materiality of Ecological Technology and Innovation: Toward a Natural Model of Nature».

> stärker wird gebremst; ein vierter, der Handgriff einer Pumpe; er wirkt nur, solange er hin und her bewegt wird.»[314]

Wittgenstein weist dann darauf hin: «[W]as uns verwirrt ist die Gleichförmigkeit ihrer Erscheinung, wenn die Wörter uns gesprochen, oder in der Schrift und im Druck entgegentreten. Denn ihre *Verwendung* steht nicht so deutlich vor uns. Besonders nicht, wenn wir philosophieren!»[315] Entsprechend wäre der methodologische Schritt, über diese einheitliche Erscheinungsform von Wörtern hinauszugehen und zu analysieren, wie z. B. die Begriffe der Natur, der Bio-Inspiration usw. in unterschiedlichen technologischen Spielen verwendet werden. Durch die Analyse der Grammatik der konkreten Handlungen, die dem Gebrauch von Begriffen zugrunde liegen, können wir versuchen, ein besseres philosophisches Verständnis dieser sprachlichen Fragen zu entwickeln.

Der Aufruf, den ich hier mache, ist daher, eine reine Konzeptanalyse zu erweitern, indem die zugrunde liegenden Handlungen untersucht werden, die die Polysemie des Begriffs und seine Fähigkeit, von einer Ebene zur anderen zu wechseln, charakterisieren. Dieser methodologische Vorschlag steht im Einklang mit dem jüngsten Interesse an der Philosophie der Wissenschaft in der Praxis.[316] Wie Chang bemerkt:

> «Betrachten Sie, was man tun muss, um einen wissenschaftlichen Begriff zu definieren: formuliere formale Bedingungen für seinen richtigen Gebrauch; baue physikalische Instrumente und Messverfahren, Standardtests und andere Manipulationen; versammle Menschen in einem Komitee, um die vereinbarten Verwendungen des Begriffs zu überwachen, und entwickle Methoden, um Menschen zu bestrafen, die sich nicht an die vereinbarten Verwendungen halten. ‹Ein Meter› oder ‹ein Kilogramm› würde nicht und könnte nicht das bedeuten, was es bedeutet, ohne eine ganze Reihe von epistemischen Handlungen, die vom Internationalen Büro für Maß und Gewicht in Paris koordiniert werden.»[317]

314 Wittgenstein, *Philosophische Untersuchungen = Philosophical investigations / Ludwig Wittgenstein*, § 12.

315 Wittgenstein, § 11. Hervorhebungen im Original.

316 Siehe auch Feest, «Concepts as tools in the experimental generation of knowledge in cognitive neuropsychology»; Kindi, «Concept as vessel and concept as use»; Brigandt, Kampourakis und Uller, «How are biology concepts used and transformed»; Shan, *Doing integrated history and philosophy of science: A case study of the origin of genetics*.

317 Chang, *Realism for Realistic People*, 12. Meine Übersetzung.

## Verschränkte Handlungen: Technologie, Ideologie und soziokulturelle Kontexte

Folgend Wittgenstein, der jüngsten Philosophie der Wissenschaft und Technik in der Praxis sowie den Ergebnissen der vorangegangenen Kapitel, besteht der methodologische Twist, den ich vorschlage, darin, von einer rein konzeptionellen Grammatikanalyse zu einer Untersuchung der Grammatik konkreter Handlungen überzugehen, die für die Verwendung solcher Konzepte in einem bestimmten Kontext vernünftig sind. Mit anderen Worten, wir sollen die spezifischen Details untersuchen, die den verschiedenen technologischen Spielen, in denen wir operieren, innewohnen, um zu sehen, welche Elemente diese oder jene Praxis ermöglichen. Wiederum in Wittgensteins Worten, wenn eine Maus aus grauen Fetzen und Staub ist, «so wird es gut sein, diese Fetzen genau daraufhin zu untersuchen, wie eine Maus sich in ihnen verstecken konnte, wie sie dort hinkommen konnte, etc».[318]

Ein kurzes Beispiel, um meinen methodologischen Aufruf zu konkretisieren: Trotz der Gleichförmigkeit ihrer Erscheinung wurde der Begriff der «Form» in den letzten 150 Jahren auf unzählige Weisen definiert. Organische und technische Formen, zum Beispiel, wurden definiert als Struktur, ein Produkt möglicher Funktionen, eine Menge von Kräften, eine Kombination von Elementen, als Gestalt, als mystische Entelechie – das heißt als die inhärente Kraft des Organismus, die dessen Entfaltung und Vollkommenheit ermöglicht. Einerseits hebt diese Vielzahl von Definitionen den rätselhaften Charakter der Form hervor und betont den Kampf, die Prozesse zu begreifen, die für die Entwicklung des Formbegriffs über die Zeit verantwortlich sind. Andererseits verbergen diese Definitionen eine komplexere Dynamik der Wissensproduktion: Morphologisches Wissen basiert auf einem direkten und kontinuierlichen Austausch von Praktiken und materiellen Objekten zwischen BiologInnen, IngenieurInnen und ArchitektInnen.[319]

Wie ich bereits gezeigt habe,[320] sind die naturinspirierten Ingenieurwissenschaften des frühen und mittleren 20. Jahrhunderts das Ergebnis der konkreten Zirkulation von Praktiken, die zur Schaffung visueller Darstellungen von Form verwendet wurden (wie Georg Hermann von Meyers Visualisierung der inneren

318 Wittgenstein, *Philosophische Untersuchungen = Philosophical investigations / Ludwig Wittgenstein*, § 52.

319 Vgl. Nyhart, *Biology takes Form. Animal Morphology and the German Universities 1800–1900*; Tamborini, *The Architecture of Evolution: The Science of Form in Twentieth-Century Evolutionary Biology*; Esposito, *Romantic biology, 1890–1945.*

320 Ich verweise auf Tamborini, «The Circulation of Morphological Knowledge: Understanding ‹Form› across Disciplines in the Twentieth and Twenty-First Centuries»; Tamborini, *Entgrenzung. Die Biologisierung der Technik und die Technisierung der Biologie*, für mehr Details zu diesem Thema.

Struktur von Knochen, die in der bioinspirierten Gestaltung übernommen wurde,[321] oder David Raups Darstellung aller theoretisch möglichen Formen, die durch bestimmte physikalische Parameter erzeugt werden[322] und die in Ingenieurwissenschaften und Architektur übernommen worden sind[323]). Dieser Übergang war nicht als bloße metaphorische Übernahme biologischen oder technischen Sprachgebrauchs gedacht, sondern als konkrete Aneignung von Praktiken und damit von Konzepten.[324] Diese wurden sorgfältig aus einem wissenschaftlichen Bereich in einen anderen übersetzt, sodass sie «harmonisch zusammenpassen, damit unsere Ziele erreicht werden können».[325]

Darüber hinaus ist die konkrete Aneignung von Praktiken, wie man bestimmte naturinspirierte Dinge tut, in einen breiteren soziokulturellen und politischen Kontext eingebettet. Dieser konstruiert mögliche Technologiespiele mit. So verschob sich das Technologie-Spiel der Produktion von naturinspirierten Artefakten in der ersten Hälfte des 20. Jahrhunderts, «von einem ‹liberalen› Ansatz zu einem autoritären, der auf den Nationalsozialismus ausgerichtet war, dessen Anhänger sich betont als Technokraten identifizierten».[326] Coeckelbergh kommentiert, dass «Technologie-Spiele immer auch gleichzeitig soziale Spiele und Sprachspiele sind. Unsere Nutzung von Technologie geht einher mit (und co-konstruiert) unseren sozialen und kulturellen Praktiken, und diese beinhalten immer auch Sprache zu einem gewissen Grad, um Koordination und Kommunikation zu ermöglichen.»[327]

Wenn wir daher den Fokus von der rein konzeptionellen Analyse auf eine detaillierte Untersuchung der Handlungen verlagern, die mit der Verwendung solcher Konzepte verbunden sind, können wir die verschiedenen Grammatiken der Reihe von Spielen identifizieren, die für die Nutzung des scheinbar gleichen

321 Lissitzky und Schwitters, «Nasci».

322 Raup und Michelson, «Theoretical morphology of the coiled shell»; Raup, «Approches to Morphologic Analysis».

323 Menges, «Morphospaces of robotic fabrication»; Menges, «Morphospaces of robotic fabrication. From theoretical morphology to design computation and digital fabrication in architecture»; Menges, «HygroScope. Meteorosensitive Morphology».

324 Der Begriff der Zirkulation, den ich hier verteidige, bezieht sich auf den Begriff der Portabilität, wie er von Leonelli und Floridi vorgeschlagen wurde. Siehe Tamborini, «The Circulation of Morphological Knowledge: Understanding ‹Form› across Disciplines in the Twentieth and Twenty-First Centuries»; Leonelli, *Data-Centric Biology: A Philosophical Study*; Ratti, «‹Models of› and ‹Models for›: On the relation between mechanistic models and experimental strategies in molecular biology»; Floridi, *The Philosophy of Information*.

325 Chang, *Realism for Realistic People*, 4. Meine Übersetzung.

326 Vollgraff und Tamborini, «Biotechnics and politics: A genealogy of nonhuman technology», 4. Meine Übersetzung.

327 Coeckelbergh, «Technology games: Using Wittgenstein for understanding and evaluating technology», 1513. Meine Übersetzung.

Begriffs verantwortlich sind. Aber, wie Wittgenstein sagt, «dadurch, daß man so die Beschreibungen des Gebrauchs der Wörter einander anähnelt, kann doch dieser Gebrauch nicht ähnlicher werden! Denn, wie wir sehen, ist er ganz und gar ungleichartig.»[328]

Daher hilft uns die Beschreibung der unterschiedlichen Grammatiken der Praktiken, die breitere Frage nach einer möglichen Aneignung und Zirkulation von Begriffen zu stellen. In diesem Fall sollten wir dann, anstatt die mögliche Aneignung eines Begriffs von einem Bereich in einen anderen zu adressieren, von der konkreten Handlungsweise sprechen, die in soziokulturellen und politischen Kontexten verkörpert wird, die verschiedene Bereiche miteinander vereinen.

## Auf der Suche nach einem Fundament

Bis hierhin habe ich eine philosophische Methode dargestellt (und verteidigt), die sich von der abstrakten Analyse von Begriffen zur konkreten Untersuchung von Handlungen und kontextuellen Praktiken verschiebt, die deren Gebrauch definieren. Indem ich Wittgenstein und der Philosophie der Wissenschaft in der Praxis folge, bedeutet dies, die spezifischen Details der verschiedenen Sprach- und Technologenspiele sowie der damit verbundenen Lebensformen zu untersuchen, um zu verstehen, wie Begriffe und Bedeutungen aus konkreten Handlungen hervorgehen, die mit soziokulturellen Kontexten verflochten sind.

Diese Perspektive unterstreicht den komplexen Zusammenhang zwischen Kultur und Sprache. Sie legt nahe, dass unsere kulturellen Praktiken und die Sprachen, die wir verwenden, nicht statisch sind, sondern dynamisch und sich entwickelnd. Wittgensteins Begriff der «Sprachspiele» hebt die unterschiedliche und kontextabhängige Natur von Sprache hervor. Er zeigt die Vielzahl menschlicher Aktivitäten und Interaktionen, die kulturelle Vermittlungen prägen.

Doch ist es möglich, ein starkes Fundament zu finden, das heißt einen methodologischen Anfang, auf dem die Sprachspiele und unsere kulturellen Praktiken beruhen? Mit anderen Worten, ist das methodologische Sprichwort Goethes «Im Anfang war die Tat», das bisher untersucht wurde, noch gültig oder stoßen wir hier auf einen anderen philosophischen Ansatz mit einer anderen Genealogie? Meine Antwort ist, dass das Fundament in der Handlung liegt und dass daher das methodologische Sprichwort Goethes «Im Anfang war die Tat» weiterhin gültig ist.

328 Wittgenstein, *Philosophische Untersuchungen = Philosophical investigations / Ludwig Wittgenstein*, § 10.

Zwei Beispiele zur Darlegung meiner Antwort. Gibt es ein Fundament, das dem zugrunde liegt und uns ermöglicht, über den Zweifel hinauszugehen, um mögliche Gewissheiten zu erreichen? Wittgenstein schreibt:

> «Das Zweifeln hat gewisse charakteristische Äußerungen, aber sie sind für ihn nur unter gewissen Umständen charakteristisch. Wenn Einer sagte, er zweifle an der Existenz seiner Hände, sie immer wieder von allen Seiten betrachtete, sich zu überzeugen suchte, daß keine Spiegelung oder dergl. vorläge, so wären wir nicht sicher, ob wir das ein Zweifeln nennen sollten. Wir könnten seine Handlungsweise als eine der zweifelnden ähnliche beschreiben, aber sein Spiel wäre nicht das unsre.»[329]

Wittgenstein betont, dass der Zweifel nur innerhalb eines gemeinsamen Rahmens von Praktiken, Gewissheiten und gemeinsamen Sprachspielen Bedeutung hat. Dies ist das, was am Anfang des möglichen Zweifels steht. Dasselbe gilt für die Praxis des Messens oder jede andere Praxis:

> «Ich kann daran zweifeln, dass die Decke meines Hauses wirklich drei Meter hoch ist, aber ich kann nicht daran zweifeln, dass der Meter einen Meter lang ist: Ein solcher Zweifel würde die Möglichkeit des Messens selbst aufheben und damit die Sinnhaftigkeit des Zweifels in Bezug auf jede Messung. Und noch: Ich kann zweifeln, dass der Stift in der Schublade ist, aber wenn ich sie öffne und er nicht da ist, kann ich dann nicht im Zweifel sein, dass er nun da ist, nachdem ich sie gerade wieder geschlossen habe – ein solcher Zweifel würde der Praxis des Suchens und Findens jeglichen Sinn nehmen und damit auch den Zweifel, dass etwas an einem bestimmten Ort sei, sinnlos machen.»[330]

Ein zweites Beispiel. Wenn wir die heutigen und zukünftigen Technologien bewerten, tun wir dies immer ausgehend von der Art und Weise, wie wir die Welt heute sehen. Unsere aktuelle Perspektive hängt von der Art des «Sprachspiels» ab, das wir gerade spielen, d.h. von dem kulturellen und sozialen Kontext, in dem wir uns befinden, und den Werten, die wir teilen. Darüber hinaus basieren Bewertungen möglicher Szenarien auch darauf, wie unser Werturteil mit einer Reihe anderer Sprachspiele verbunden und miteinander verknüpft ist. Tatsächlich sind diese Spiele holistisch und ganzheitlich interdependent, da die kulturellen Vermittlungen und Möglichkeiten, die wir schaffen, untrennbar miteinander verbunden sind. Wie Wittgenstein 1934 sagt: «Der Gebrauch des Wortes ‹gut› (im ethischen Sinne) besteht aus einer sehr großen Zahl verwandter Spiele. Facetten des Gebrauchs, sozusagen. Aber gerade die Verbindung zwischen diesen Facetten, ihre Verwandtschaft, schafft hier ein Konzept.»[331]

---

329 Wittgenstein, *Bemerkungen über die Farben Über Gewißheit. Zettel. Vermischte Bemerkungen*, § 255.

330 Spinicci, *Il mondo della vita e il problema della certezza. Lezioni su Husserl e Wittgenstein*, 241–242. Meine Übersetzung.

331 Christensen, *Wittgenstein and ethics*, 46. Meine Übersetzung.

In diesem Fall ist die Bewertung zwischen einer Möglichkeit und einer anderen nicht markiert, scharf und endgültig, sondern verschwommen: Die Grenzen zwischen den verschiedenen Möglichkeiten werden dünner. Wie Søndergaard Christensen bemerkt:

> «Philosophen müssen darauf achten, wie ethische Konzepte eine Familie unterschiedlicher Bedeutungen zusammenhalten, die ineinander ‹übergehen› können, ohne dass wir eine klare Linie um ihre individuellen Bedeutungen ziehen können.»[332]

Diese Einsicht ist entscheidend für die Idee der philosophischen Methoden, die ich hier vertrete, da sie die Notwendigkeit eines ganzheitlichen Verständnisses von kulturellen Praktiken und Werten betont. Anstatt nach absoluten Bewertungen zu suchen, erkennen wir die Fluidität und das Ineinanderverknüpftsein kultureller Ausdrucksformen, die ständig durch unsere Handlungen und Sprachspiele verhandelt und neu definiert werden. So entsteht ein «holistisches Netz ohne epistemische Dichotomien».[333]

Jedoch, obwohl es unmöglich ist, eine Möglichkeit (und damit eine zukünftige Lebensform) für sich allein klar und absolut zu bewerten, öffnet dies keineswegs die Tür zum Relativismus der Werte und Kulturen. In der Tat ermöglicht es die Bewertung von Möglichkeiten (und damit zukünftigen Lebensformen) auf der Grundlage der Grammatik und der Form des Ausgangs-Sprachspiels. Dies ist wiederum relativ zu dem gesamten System aus Sprache und den mit ihr verflochtenen Handlungen in einer konkreten und situativen Weise.

> «Wir konzentrieren uns nicht auf die Wörter *gut* oder *schön* … sondern auf die Gelegenheiten, in denen sie gesagt werden – auf die enorm komplizierte Situation», sagt Wittgenstein in einer Vorlesung und fährt fort: «Wie weit uns dies von der normalen Ästhetik [und Ethik] entfernt. Wir beginnen nicht mit bestimmten Wörtern, sondern mit bestimmten Gelegenheiten oder Aktivitäten.»[334]

Mit anderen Worten, unsere Bewertungen der möglichen technologischen Vermittlungen sind «in Erfahrungen verankert»[335] und sind Teil desselben Netzes, das andere kulturelle Produkte komponiert. Aufbauend auf Sami Pihlströms Interpretation von Morton Whites Philosophie der Kultur, auch in dem Ansatz, den ich hier formuliere: «Während sie voneinander verschieden bleiben, sind solche Praktiken (z. B. Wissenschaft, Politik, Religion, Kunst und andere) dyna-

---

332 Christensen, 46. Meine Übersetzung.

333 White, *From a Philosophical Point of View: Selected Studies*; Pihlström, «Morton White's philosophy of culture: Holistic pragmatism and interdisciplinary inquiry», 143. Meine Übersetzung.

334 Christensen, *Wittgenstein and ethics*, 50. Meine Übersetzung.

335 White, *From a Philosophical Point of View: Selected Studies*, 203. Meine Übersetzung.

misch miteinander verknüpft und müssen daher ganzheitlich ‹getestet› werden – was auch immer es letztlich bedeutet, sie ‹zu testen›.»[336]

In einem anderen Kontext habe ich bereits vorgeschlagen, die Werte der technologischen Vermittlungen, die in den jüngsten bioinspirierten Disziplinen produziert werden, auf der Grundlage ihrer möglichen Integration in das holistische Bedeutungsnetz zu beurteilen, in dem sie produziert werden.[337]

Die Perspektive, die ich vorschlage, ermöglicht eine umfassendere Bewertung kultureller Möglichkeiten, indem sie die spezifischen Kontexte und Handlungen berücksichtigt, die unser Verständnis von Werten prägen. Sie stimmt mit einigen aktuellen philosophischen Perspektiven überein, die die Erforschung kultureller Praktiken als einen Weg verstehen, das menschliche Dasein und Handeln zu begreifen. Gleichzeitig bietet sie eine solide Grundlage für diesen Ansatz. Das Fundament liegt im Netz von Spielen, die holistisch miteinander verbunden sind und Vermittlungen zwischen uns und der Welt produzieren.[338]

Und hier ist der Punkt. «Es gibt freilich Rechtfertigung; aber die Rechtfertigung hat ein Ende.»[339] Und mit dem Finden eines Endes: «Einmal muss man von der Erklärung auf die bloße Beschreibung kommen.»[340] In dieser beschreibenden Praxis finden wir das Fundament. Aber was ist dieses Fundament? Die Handlung innerhalb einer Praxis:

> «Die Begründung aber, die Rechtfertigung der Evidenz kommt zu einem Ende; – das Ende aber ist nicht, dass uns gewisse Sätze unmittelbar als wahr einleuchten, also eine Art Sehen unsererseits, sondern unser *Handeln*, welches am Grunde des Sprachspiels liegt.»[341]

---

336 White, *From a Philosophical Point of View: Selected Studies*; White, *A philosophy of culture: The scope of holistic pragmatism*; Pihlström, «Morton White's philosophy of culture: Holistic pragmatism and interdisciplinary inquiry», 143; Pihlström, *Pragmatist Truth in the post-truth age: Sincerity, normativity, and humanism.* Meine Übersetzung.

337 Tamborini, «The Epistemic Grammar of Bioinspired Technologies: Shifting the Focus from Nature to Scientific Practices».

338 Tamborini, «Exploring the Transition: Biology, Technology, and Epistemic Activities».

339 Wittgenstein, *Bemerkungen über die Farben Über Gewißheit. Zettel. Vermischte Bemerkungen*, § 192.

340 Wittgenstein, § 189.

341 Wittgenstein, § 204.

## Im Anfang war die Tat

Die Art und Weise, wie wir handeln, ist also das, was am Anfang steht. Dies und nicht das propositionale Wissen bestimmt unsere Beziehung zur Welt:

> «Ich will sagen: Sätze von der Form der Erfahrungssätze und nicht nur Sätze der Logik gehören zum Fundament alles Operierens mit Gedanken (mit der Sprache). – Diese Feststellung ist nicht von der Form ‹Ich weiß,...›. ‹Ich weiß,...› sagt aus, was ich weiß, und das ist nicht von logischem Interesse.»[342]

Dementsprechend schreibt Wittgenstein so: «‹Ich weiß das alles.› Und das wird sich darin zeigen, wie ich handle und über die Dinge spreche.»[343] Man darf jedoch die Ebenen nicht verwechseln. Beim Fundament «handelt es sich um Aussagen über Gegenstände. Und sie dienen nicht als Fundamente wie Hypothesen, die, wenn sie sich als latsch erweisen, durch andere ersetzt werden.»[344] Das Fundament kann weder wahr noch falsch sein. Das liegt aber in der Handlung. Goethe zitierend bemerkt Wittgenstein: «...und schreib getrost ‹Im Anfang war die Tat.›.»[345]

Die konkrete Tat steht also am Anfang, d.h. als Grundlage der Produktion von Wissen und Gewissheiten.

> «Das Kind lernt eine Menge Dinge glauben. D.h. es lernt z.B. nach diesem Glauben handeln. Es bildet sich nach und nach ein System von Geglaubtem heraus, und darin steht manches unverrückbar fest, manches ist mehr oder weniger beweglich. Was feststeht, tut dies nicht, weil es an sich offenbar oder einleuchtend ist, sondern es wird von dem, was darum herumliegt, festgehalten.»[346]

Die Tat ist auch am Anfang jeder möglichen Kategorisierung oder philosophischen Fragestellung:

> «Das Kind lernt nicht, daß es Bücher gibt, daß es Sessel gibt, etc. etc., sondern es lernt Bücher holen, sich auf Sessel (zu) setzen, etc. Es kommen freilich später auch Fragen nach der Existenz auf: ‹Gibt es ein Einhorn?› usw. Aber so eine Frage ist nur möglich, weil in der Regel keine ihr entsprechende auftritt.»[347]

Mit anderen Worten: Jedes Sprachspiel basiert auf einer Handlung, die vom Kontext abhängt, in dem es stattfindet, da es gerade dieser Kontext ist, der die Handlung selbst erst möglich macht. Die Idee ist es, die situierte Grammatik der

342 Wittgenstein, § 401.
343 Wittgenstein, § 395.
344 Wittgenstein, § 402.
345 Wittgenstein, § 402.
346 Wittgenstein, § 144.
347 Wittgenstein, § 476.

Aktivitäten zu untersuchen, um die Vielfalt der Praktiken hinter der Polysemie und der möglichen Zirkulation von Konzepten zu verstehen. Wie Wittgenstein getrost im Jahr 1937 schreibt:

> «Der Ursprung und die primitive Form des Sprachspiels ist eine Reaktion; erst aus dieser können die komplizierteren Formen wachsen.
>
> Die Sprache – will ich sagen – ist eine Verfeinerung, ‹im Anfang war die Tat›.»[348]

348 Wittgenstein, *Vermischte Bemerkungen / Culture and Value*, 31.

# 7. Ausblick

In den vorherigen Kapiteln habe ich ein Narrativ entwickelt, um das Verhältnis zwischen Handlungen, Anfang, Fundament, wissenschaftlicher Erkenntnis und philosophischer Methode zur Analyse (und Bewertung der Geltung) von Erkenntnisprozessen zu untersuchen. Dabei wurde Goethes Satz «Im Anfang war die Tat» mehrfach interpretiert, angewandt und korrigiert, um unterschiedliche philosophische Ansätze zu begründen. Diese Ansätze zeigen oft widersprüchliche Argumentationen und lassen sich kaum vereinheitlichen. Trotz der konzeptionellen, historischen und kulturellen Vielfalt der diskutierten PhilosophInnen zeichnet sich eine gemeinsame Richtung des Philosophierens ab, die meines Erachtens das Fundament der heutigen Reflexion über Wissenschafts- und Technikphilosophie in der Praxis bildet.

Auf diesen abschließenden Seiten möchte ich einige kurze Überlegungen zum Verhältnis von Handlungen, Anfang, Fundament und Methode in der Philosophie anstellen. Die Debatte von Kant bis Wittgenstein hat bestimmte Bezugspunkte hervorgebracht, die als Ausgangspunkt für künftige Fortschritte dienen können. In den vorherigen Kapiteln sind wir einen Schritt zurückgetreten, um besser vorwärts springen zu können.

Die daraus resultierende philosophische Methode gründet sich auf die Untersuchung eines Gegebenen, nämlich der Tatsache der Erkenntnis: die Tatsache, dass wir in der Lage sind, die Welt und mögliche zukünftige Horizonte stabil zu erfassen (und damit über Humes skeptischen Zweifel hinausgehen). Diese Tatsache ist jedoch dynamisch, historisch gewachsen und ständig im Wandel. Mit anderen Worten: Der Ausgangspunkt philosophischer Reflexion ist in der Geschichte verankert – er ist ein historisches *Fieri*.

Daraus ergeben sich zwei zentrale Implikationen. Erstens: Wenn die Tatsache der Erkenntnis inhärent historisch ist, muss die philosophische Arbeit zwangsläufig mit historisch-genealogischer Analyse verflochten sein, wie Husserl und Cassirer betonten. Zweitens: Da der Ausgangspunkt der Philosophie ein geschichtlich geprägtes Gegebenes ist, ist sie selbst das Produkt von Kontingenzen. Es sind kontingente Umstände, die dazu geführt haben, dass bestimmte Methoden zu einem bestimmten Zeitpunkt entwickelt wurden oder dass gewisse Theorien in einer bestimmten Epoche Gültigkeit erlangten. Beispiele wie die Paläontologie, die biologische Evolutionstheorie und bioinspirierte Wissenschaften, die ich bevorzugt als Ausgangspunkte betrachte, basieren auf einer komplexen Kontingenz der Wissenszirkulation, die ihre Entwicklung ermöglicht hat – so zum Beispiel die Kontingenz, die den paläontologischen Daten zugrunde liegt, oder die Kontingenz, die der Zirkulation von Wissen zwischen Biologie und Ingenieurwissenschaften usw. zugrunde liegt.[349]

Doch diese Kontingenz der Fakten und ihrer historischen Entwicklung bedeutet nicht, dass es unmöglich ist, eine innere Regelmäßigkeit oder Gesetzmäßigkeit in diesem Spiel der Kontingenzen zu erkennen, das sich in wissenschaftlichen Tatsachen manifestiert. Im Gegenteil: Wie die Transformation des Konzepts des *A priori* und des methodischen Anfangs in den vorherigen Kapiteln gezeigt hat, ist die Wissensproduktion, auch wenn sie historisch und kontingent ist, durch Prinzipien geregelt, die ihre Praktikabilität gewährleisten. Diese Regeln steuern die interne Praxis des Erkenntnisakts selbst. Innerhalb dieser Praktikabilität finden Kontingenz und der Zweifel an der Möglichkeit der Erkenntnis und ihrem Fundament einen Platz.

Wie ich im letzten Kapitel dargelegt habe, erhält der Zweifel nur innerhalb eines gemeinsam geteilten Bezugsrahmens Bedeutung, der aus gefestigten Praktiken und gemeinsamen Gewissheiten besteht. Zum Beispiel ist es nur möglich, die Messung eines Objekts anzuzweifeln, wenn die Gültigkeit des Meters als Maßeinheit nicht infrage gestellt wird. Würde man jedoch auch an den Messinstrumenten selbst zweifeln, verlöre der Zweifel jegliche Bedeutung. Dies legt nahe, dass die Möglichkeit des Zweifels und der Erkenntnis in unseren täglichen Handlungen und Praktiken verwurzelt ist. *Die philosophische Analyse nimmt somit ihren Ausgangspunkt im aktuellen kulturellen Kontext. Jede Bewertung wird von den sprachlichen Spielen und gemeinsamen Werten eines bestimmten historischen Moments beeinflusst.*

Von diesem situativen Ausgangspunkt aus untersucht die philosophische Forschung die Regeln, die der Wissensproduktion Stabilität verleihen. Die Suche nach einem absoluten Fundament steht unweigerlich im Widerspruch zur fließenden und veränderlichen Natur kultureller Praktiken. Dies führt jedoch nicht zum Relativismus. Im Gegenteil: *Das wahre Fundament liegt in der Handlung selbst und in dem Netzwerk von Bedeutungen, das sie erzeugt.* Ziel ist es nicht, absolute Wahrheiten zu etablieren, sondern den dynamischen Charakter unserer Praktiken zu verstehen und wie diese das Wissen prägen. Das Fundament ist also kein statischer Punkt, sondern ein dynamischer Prozess, der in unseren konkreten Handlungen verankert ist.

Aus dieser Perspektive kann man *getrost* sein. Einerseits, weil wir zu einem System von Regeln und einer geteilten Grammatik gelangen, die unserem Handeln Stabilität verleiht; andererseits, weil dieser Ansatz dazu beiträgt, Absolutis-

349 Tamborini, *Entgrenzung. Die Biologisierung der Technik und die Technisierung der Biologie*; Tamborini, «‹If the Americans Can Do It, So Can We›: How Dinosaur Bones Shaped German Paleontology»; Tamborini, *Biorobotik*.

men zu vermeiden und über Dichotomien und Dualismen hinauszugehen. Anders gesagt: so, wie Subjekt und Objekt sich in der Praxis gegenseitig konstituieren und dabei ihre Unterschiede erhalten.

Die hier entwickelte Analyse, die den Diskurs von Kant bis Wittgenstein nachzeichnet, dreht sich um die Idee, dass das Fundament der Erkenntnis nicht in abstrakten logischen Sätzen, sondern in konkreten Handlungen und kontextuellen Praktiken liegt. Dies zeigt, dass der oft kritisierte Korrelationismus in Wirklichkeit die ursprüngliche Bedingung der Wissensproduktion darstellt. *Der Gegenstand der Erkenntnis manifestiert sich innerhalb des historischen, kulturellen und sozialen Prozesses des Subjekts und der Gemeinschaft, die durch konkrete Handlungen zu diesem Prozess beiträgt. Dies ist das zentrale Thema der in diesem Buch vertretenen philosophischen Methodologie.*

Diese Methodologie verlagert den Fokus von der abstrakten Analyse von Konzepten hin zur konkreten Untersuchung der Handlungen und kontextuellen Praktiken, die den Gebrauch dieser Konzepte bestimmen. Philosophische Reflexion muss sich daher notwendigerweise um vier grundlegende Pole organisieren: das Subjekt, den thematischen Gegenstand seiner Handlungen, die Art der Beziehung zwischen Subjekt und Objekt und das daraus resultierende Produkt.

Die Autonomie dieses Produkts sollte im Bewusstsein seiner Entstehung im Rahmen des Handlungsgefüges untersucht werden. Wie Cassirer betonte, ist es notwendig, dem *Imperativ des Werks* zu folgen. Neben der durch das Subjekt vermittelten Realität erschaffen wir auch eine Welt von Objekten mit eigenständiger Existenz. Diese Welt, mächtig und unabhängig, beeinflusst unsere Wahrnehmung und schafft neue Realitäten.

Ich kann nun getrost schreiben: Im Anfang war die Tat, denn aus ihr entspringt eine lebendige und mächtige Vielfalt an Wirklichkeiten, die sich stetig wandeln und von Kontingenz durchzogen sind.

# Literatur

Anceschi, Luciano. *Tre studi di estetica*. Milano: Mursia, 1966.

Ankeny, Rachel, Hasok Chang, Marcel Boumans und Mieke Boon. «Introduction: philosophy of science in practice». *European journal for philosophy of science* 1, Nr. 3 (2011): 303.

Aristoteles. *Zweite Analytik*. Hamburg: Meiner Verlag, 2011.

Augustinus, Aurelius. *Bekenntnisse*. Stuttgart: Reclam Verlag, 1989.

Barone, Francesco. *Logica formale e logica trascendentale*. Milano: UNICOPLI, 1999.

Baz, Avner. «On when words are called for: Cavell, McDowell, and the wording of the world». *Inquiry* 46, Nr. 4 (2003): 473–500.

Bensaude-Vincent, Bernadette, Sacha Loeve und Alfred Nordmann. «Matters of interest: the objects of research in science and technoscience». *Journal for general philosophy of science* 42, Nr. 2 (2011): 365–83.

Bergmann, Ernst. «Fichte und Goethe». *Kant-Studien*, 20, Nr. 1–3 (1915): 347–56. https://doi.org/10.1515/kant.1915.20.1-3.347.

Blok, Vincent. «Biomimicry and the Materiality of Ecological Technology and Innovation: Toward a Natural Model of Nature». *Environmental Philosophy* 13, Nr. 2 (2016): 195–214.

–. «Technology as mimesis: Biomimicry as regenerative sustainable design, engineering, and technology». *Techné: Research in Philosophy and Technology*, 2023.

Blumenberg, Hans. *Zu den Sachen und zurück*. Berlin: Suhrkamp Verlag, 2002.

–.*Beschreibung des Menschen*. Berlin: Suhrkamp Verlag, 2014.

Brigandt, Ingo, Kostas Kampourakis und Tobias Uller. «How are biology concepts used and transformed». In *Philosophy of Science for Biologists*. Cambridge: Cambridge University Press, 2020.

Cardani, Michele und Marco Tamborini. «Italian New Realism and Transcendental Philosophy: A Critical Account». *Philosophy Today* 61, Nr. 3 (2017): 539–54. https://doi.org/10.5840/philtoday2017919170.

Cassirer, Ernst. *Zur Metaphysik der symbolischen Formen. ECN 1*. Hamburg: Meiner Verlag, 1995.

–. *Das Erkenntnisproblem in der Philosophie und Wissenschaft der neueren Zeit. Erster Band. ECW 2*. Hamburg: Meiner Verlag, 1999.

–. *Das Erkenntnisproblem in der Philosophie und Wissenschaft der neueren Zeit. Zweiter Band. ECW 3*. Hamburg: Meiner Verlag, 1999.

–. *Substanzbegriff und Funktionsbegriff; Untersuchungen über die Grundfragen der Erkenntniskritik. ECW 6*. Hamburg: Meiner Verlag, 2000.

–. *An Essay on Man: An Introduction to a Philosophy of Human Culture*. Herausgegeben von Peter E. Gordon. New Haven: Yale University Press, 2021.

–. *Aufsätze und Kleine Schriften 1902–1921. ECW 9*. Hamburg: Meiner Verlag, 2001.

–. *Kants Leben und Lehre. ECW 8*. Hamburg: Meiner Verlag, 2001.

–. «Form und Technik». In: *Aufsätze und kleine Schriften (1927–1931). ECW 17.* 139–83. Hamburg: Meiner Verlag, 2004.
–. «Der Begriff der symbolischen Form im Aufbau der Geisteswissenschaften». In: *Schriften zur Philosophie der symbolischen Formen.* Herausgegeben von Marion Lauschke. Hamburg: Meiner Verlag, 2009.
–. *Philosophie der symbolischen Formen. Erster Teil: Die Sprache. ECW 11.* Hamburg: Meiner Verlag, 2010.
–. *Philosophie der symbolischen Formen. Zweiter Teil: Das mythische Denken. ECW 12.* Hamburg: Meiner Verlag, 2010.
–. *Philosophie der symbolischen Formen. Dritter Teil: Phänomenologie der Erkenntnis. ECW 13.* Hamburg: Meiner Verlag, 2010.
–. *Symbolische Prägnanz, Ausdrucksphänomen und «Wiener Kreis». ECN 4.* Herausgegeben von Christian Möckel. Hamburg: Meiner Verlag, 2011.
–. *Zur Logik der Kulturwissenschaften. Fünf Studien.* Hamburg: Meiner Verlag, 2011.
Chang, Hasok. «Is pluralism compatible with scientific realism?». In: *The Routledge handbook of scientific realism.* Herausgegeben von Juha Saatsi, 176–86. London: Routledge, 2017.
–. *Is Water H2O?* Boston Studies in the Philosophy of Science. Dordrecht: Springer, 2012.
–. «The philosophical grammar of scientific practice». *International Studies in the Philosophy of Science* 25, Nr. 3 (2011): 205–21.
–. *Realism for Realistic People.* Cambridge: Cambridge University Press, 2022.
Channell, David F. *A History of Technoscience: Erasing the Boundaries Between Science and Technology.* London: Routledge, 2017.
Chiodo, Simona. *La rappresentazione.* Milano: Bruno Mondadori, 2012.
Christensen, Anne-Marie Søndergaard. *Wittgenstein and ethics.* Cambridge: Cambridge University Press, 2024.
Coeckelbergh, Mark. «You, robot: on the linguistic construction of artificial others». *AI & society* 26, Nr. 1 (2011): 61–69.
–. *Using words and things: Language and philosophy of technology.* London: Routledge, 2017.
–. «Technology games: Using Wittgenstein for understanding and evaluating technology». *Science and Engineering Ethics* 24, Nr. 5 (2018): 1503–19.
–. «Technology games/gender games. From Wittgenstein's toolbox and language games to gendered robots and biased artificial intelligence». In: *Feminist philosophy of technology.* Herausgegeben von Mark Coeckelbergh und Janina Loh, 27–38. Berlin: Springer, 2020.
–. «Three responses to anthropomorphism in social robotics: Towards a critical, relational, and hermeneutic approach». *International Journal of Social Robotics* 14, Nr. 10 (2022): 2049–61.
Cohen, Hermann. *Kants Theorie der Erfahrung.* Berlin: Dümmler, 1885.
–. *Logik der reinen Erkenntnis.* Berlin: Cassirer, 1902.
Costa, Vincenzo. *Il cerchio e l'ellisse. Husserl e il darsi delle cose.* Soveria Mannelli: Rubbettino, 2007.
Dennett, Daniel C. *I've Been Thinking.* London: Penguin Books, 2023.
Dicks, Henry. *The Biomimicry Revolution: Learning from Nature How to Inhabit the Earth.* New York: Columbia University Press, 2023.
Esposito, Maurizio. *Romantic biology, 1890–1945.* London/New York: Routledge, 2016.
Feest, Uljana. «Concepts as tools in the experimental generation of knowledge in cognitive neuropsychology». *Spontaneous Generations: A Journal for the History and Philosophy of Science* 4, Nr. 1 (2010): 173–90.

Fichte, Johann Gottlieb. *Werke 1793–1795 (Werke Band 2).* Herausgegeben von Reinhard Lauthund und Hans Jacob. Stuttgart/Bad Cannstatt: Friedrich Frommann Verlag (Günther Holzboog), 1965.

Floridi, Luciano. *The Philosophy of Information.* Oxford: Oxford University Press, 2011.

Förster, Eckart. «‹Da geht der Mann dem wir alles verdanken!› Ein Untersuchung zum Verhältnis Goethe – Fichte». *Deutsche Zeitschrift für Philosophie* 45, Nr. 3 (1997): 331–44.

Franzini, Elio. «I simboli e l'invisibile». *Figure e forme del pensiero simbolico.* Milano: Il Saggiatore, 2008.

Friedman, Michael. *Foundations of Space-Time Theories: Relativistic Physics and Philosophy of Science.* Princeton: Princeton University Press, 1983.

Garroni, Emilio. *Estetica ed epistemologia. Riflesioni sulla «Critica del Giudizio» di Kant.* Milano: UNICOPLI, 1998.

Gerola, Alessio, Zoë Robaey und Vincent Blok. «What Does it Mean to Mimic Nature? A Typology for Biomimetic Design». *Philosophy & Technology* 36, Nr. 4 (27. September 2023): 65. https://doi.org/10.1007/s13347-023-00665-0.

Gjesdal, Kristin und Dalia Nassar, Hgg. *The Oxford handbook of nineteenth-century women philosophers in the German tradition.* Oxford: Oxford University Press, 2024.

Goethe, Johann Wolfgang von. *Faust. Der Tragödie erster Teil.* Stuttgart: Reclam Verlag, 1986.

–. *Maximen und Reflexionen.* Werke, Hamburger Ausgabe. München: Deutscher Taschenbuch Verlag, 1817.

Gunkel, David J. *Person, thing, robot: A moral and legal ontology for the 21st century and beyond.* Cambridge: MIT Press, 2023.

Hacking, Ian. *Representing and intervening: Introductory topics in the philosophy of natural science.* Cambridge: Cambridge University Press, 1983.

Hamlyn, D. W. *Sensation and perception: a history of the philosophy of perception.* London: Routledge & Kegan, 1961.

Harman, Graham. *Object-oriented ontology: A new theory of everything.* London: Penguin UK, 2018.

–. «Object-Oriented Ontology (OOO)». Oxford Research Encyclopedia of Literature, 10. November 2024. https://oxfordre.com/literature/view/10.1093/acrefore/9780190201098.001.0001/acrefore-9780190201098-e-997.

Hartung, Gerald. «The gold of knowledge – Nicolai Hartmann and historiography of philosophy». *British Journal for the History of Philosophy* 29, Nr. 4 (2022): 718–37. https://doi.org/10.1080/09608788.2021.1910486.

Hartung, Gerald und Caterina Zanfi, Hgg. *Die Philosophiegeschichtsschreibung im Ersten Weltkrieg.* Baden-Baden: Nomos Verlag, 2022.

Herbart, Johann Friedrich. *Allgemeine Metaphysik, nebst den Anfängen der philosophischen Naturlehre. Zweyter, systematischer Theil.* Königsberg: August Wilhelm Unzer, 1829.

–. *Sämtliche Werke in chronologischer Reihenfolge.* Bd. VII. Langensalza: Hermann Beyer & Söhne, 1892.

Hoppe, Katharina und Thomas Lemke. *Neue Materialismen zur Einführung.* Hamburg: Junius Verlag, 2021.

Hoppe, Katharina und Frieder Vogelmann, Hgg. *Feministische Epistemologien: ein Reader.* Berlin: Suhrkamp Verlag, 2024.

Hume, David. *Ein Traktat über die menschliche Natur.* Hamburg: Meiner Verlag, 2013.

Husserl, Edmund. *Formale und transzendentale Logik. Versuch einer Kritik der logischen Vernunft.* Tübingen: Max Niemeyer Verlag, 1981.

–. *Erfahrung und Urteil. Untersuchungen zur Genealogie der Logik.* Hamburg: Meiner Verlag, 1985.
–. *Aktive Synthesen: aus der Vorlesung Transzendentale Logik (1920/1921).* Dordrecht: Kluwer, 2000.
–. *Ideen zu einer reinen Phänomenologie und phänomenologischen Philosophie. Erstes Buch.* Hamburg: Meiner Verlag, 2009.
–. *Logische Untersuchungen.* Hamburg: Meiner Verlag, 2009.
–. *Cartesianische Meditationen. Eine Einleitung in die Phänomenologie.* Hamburg: Meiner Verlag, 2012.
–. *Die Krisis der europäischen Wissenschaften und die transzendentale Phänomenologie. Eine Einleitung in die phänomenologische Philosophie.* Hamburg: Meiner Verlag, 2012.
Hutton, Sarah und Ruth Edith Hagengruber, Hgg. *Women, philosophy and the history of philosophy.* London: Routledge, 2021.
Iovino, Serenella. «‹Ich ist Nicht-Ich ‹=› Alles ist Alles›. Goethe als Leser der Wissenschaftslehre: Ein Beitrag zur Geschichte des Verhältnisses Fichte-Goethe». *Fichte-Studien,* 19 (2002): 55–94.
Johannes. «Die Bibel in der Einheitsübersetzung, Das Evangelium nach Johannes (18,38)». Das Evangelium nach Johannes (18,38), 26. Januar 2025. https://www.uibk.ac.at/theol/leseraum/bibel/joh18.html.
Kant, Immanuel. *Die Metaphysik der Sitten.* Frankfurt am Main: Suhrkamp Verlag, 1968.
–. *Kritik der Urteilskraft (1790).* Frankfurt am Main: Suhrkamp Verlag, 1974.
–. *Kritik der reinen Vernunft.* Hamburg: Meiner Verlag, 1998.
–. *Prolegomena zu einer jeden künftigen Metaphysik, die als Wissenschaft wird auftreten können.* Hamburg: Meiner Verlag, 2001.
Kern, Iso. *Husserl und Kant. Eine Untersuchung über Husserls Verhältnis zu Kant und zum Neukantianismus.* Den Haag: Martinus Nijhoff, 1964.
Kindi, Vasso. «Concept as vessel and concept as use». In: *Scientific concepts and investigative practice.* Herausgegeben von Uljana Feest und Friedrich Steinle, 23–46. Basel: De Gruyter, 2012.
Kühn, Manfred. *Johann Gottlieb Fichte: ein deutscher Philosoph.* München: Beck, 2012.
Latour, Bruno. *Der Berliner Schlüssel. Erkundungen eines Liebhabers der Wissenschaften.* Berlin: Akademie-Verlag, 1996.
–. *Science in action: how to follow scientists and engineers through society.* Harvard: Harvard University Press, 1987.
–. *Reassembling the Social: An Introduction to Actor-Network-Theory.* Oxford: Oxford University Press, 2007.
–. *We have never been modern.* Cambridge: Harvard University Press, 2012.
Latour, Bruno und Steve Woolgar. *Laboratory Life: The Construction of Scientific Facts.* Princeton: Princeton University Press, 1979.
Lemke, Thomas. «Materialism without matter: The recurrence of subjectivism in object-oriented ontology». *Distinktion: Journal of Social Theory* 18, Nr. 2 (2017): 133–52.
Leonelli, Sabina. *Data-Centric Biology: A Philosophical Study.* Chicago: University of Chicago Press, 2016.
Liggieri, Kevin, Marco Tamborini und Olivier Del Fabbro. *Technikphilosophie. Neue Perspektiven für das 21. Jahrhundert.* Darmstadt: wbg, 2023.
Lissitzky, El und Kurt Schwitters. «Nasci». *Merz* 8/9 (1924).
Luft, Sebastian, Hg. *The neo-Kantian reader.* London: Taylor & Francis, 2024.

–. *The Space of Culture: Towards a Neo-Kantian Philosophy of Culture (Cohen, Natorp, and Cassirer).* Oxford: Oxford University Press, 2015.

Mathieu, Vittorio. *La filosofia trascendentale e l'Opus postumum di Kant.* Torino: Edizioni di Filosofia, 1958.

Meillassoux, Quentin. *Nach der Endlichkeit: Versuch über die Notwendigkeit der Kontingenz.* Übersetzt von Roland Frommel. Zürich: Diaphanes, 2014.

Menges, Achim. «HygroScope. Meteorosensitive Morphology». *ARCH+* 206/207 (2012): 7.

–. «Morphospaces of robotic fabrication. From theoretical morphology to design computation and digital fabrication in architecture». In: *Rob| Arch 2012.* Herausgegeben von Sigrid Brell-Çokcan und Johannes Braumann, 28–47. Vienna: Springer, 2013.

Natorp, Paul. «Zur Frage der logischen Methode. Mit Beziehung auf Edm. Husserls ‹Prolegomena zur reinen Logik›». *Kant-Studien,* 6, Nr. 1–3 (1901): 270–83. https://doi.org/10.1515/kant.1901.6.1-3.270.

–. «Kant und die Marburger Schule». *Kant-Studien,* 17, Nr. 1–3 (1912): 193–221.

–. *Die logischen Grundlagen der exakten Wissenschaften.* Leipzig: Teubner Verlag, 1910.

–. *Philosophische Systematik.* Hamburg: Meiner Verlag, 1958.

Nordmann, Alfred. *Technikphilosophie: Eine Einführung.* Hamburg: Junius Verlag, 2008.

–. .«Im Blickwinkel der Technik: Neue Verhältnisse von Wissenschaftstheorie und Wissenschaftsgeschichte». *Berichte zur Wissenschaftsgeschichte* 35, Nr. 3 (2012): 200–216.

–. «The Grammar of Things». *«Technology and language» (Технологии в инфосфере)* 1, Nr. 1 (2020): 85–90.

Nordmann, Alfred, Bernadette Bensaude-Vincent und Astrid Schwarz. «Science vs. Technoscience». *A Primer. Version* 2 (2011).

Nyhart, Lynn K. *Biology takes Form. Animal Morphology and the German Universities 1800–1900.* Chicago: University of Chicago Press, 1995.

Pettoello, Renato. «Questioni di stile e d'altro ancora». *ACME* 63, Nr. 3 (2010).

–. «Scatole quadrangolari e recipienti vuoti. Genesi psicologica delle categorie e forme dell'esperienza nella critica di Herbart a Kant». *Rivista di storia della filosofia* 55, Nr. 1 (2000): 5–25.

Piana, Giovanni. «Die Idee eines phänomenologischen Strukturalismus». In: *Phänomenologie in Italien.* Herausgegeben von Renato Cristin, 113–18. Würzburg: Königshausen & Neumann, 1996.

Pichler, Alois. *Style, Method and Philosophy in Wittgenstein.* Cambridge: Cambridge University Press, 2023.

Pihlström, Sami. «Morton White's philosophy of culture: Holistic pragmatism and interdisciplinary inquiry». *Human Affairs* 21, Nr. 2 (2011): 140–56.

–. *Pragmatist Truth in the post-truth age: Sincerity, normativity, and humanism.* Cambridge: Cambridge University Press, 2021.

Poincaré, Henri. *Wissenschaft und Hypothese.* Leipzig: Teubner Verlag, 1906.

Preti, Giulio. *Saggi filosofici.* Firenze: La Nuova Italia, 1976.

Rametta, Gaetano. *Fichte.* Roma: Carocci Editore, 2012.

Ratti, Emanuele. «‹Models of› and ‹Models for›: On the relation between mechanistic models and experimental strategies in molecular biology». *The British Journal for the Philosophy of Science,* 2020.

Raup, David M. «Approches to Morphologic Analysis». In: *Models in Paleobiology.* Herausgegeben von Thomas J. M. Schopf. San Francisco: Freeman, Cooper & Co, 1972: 28–44.

Raup, David M. und Arnold Michelson. «Theoretical morphology of the coiled shell». *Science* 147, Nr. 3663 (1965): 1294–95.

Recki, Birgit. *Kants Kritik der Vernunft als Theorie der Freiheit.* Baden-Baden: Nomos Verlag, 2024.

–. «Der Mensch und die Kultur». In: *Über uns Menschen. Philosophische Selbstvergewisserungen.* Herausgegeben von Michael Hofer, 33–52. Bielefeld: Transcript Verlag, 2010.

Reichenbach, Hans. *Relativitätstheorie und Erkenntnis Apriori.* Berlin: Springer, 1920.

Scaravelli, Luigi. *Studi kantiani.* Firenze: La Nuova Italia, 1973.

Schlick, Moritz. *Allgemeine Erkenntnislehre: Abteilung I.* Herausgegeben von Hans Jürgen Wendel und Fynn Ole Engler. Moritz Schlick. Gesamtausgabe. Vienna: Springer, 2008.

Schlick, Moritz. «Kritizistische oder empiristiche Deutung der neuen Physik?», *Kant-Studien*, 26, Nr. 1–2 (1921): 96–111. https://doi.org/10.1515/kant.1921.26.1-2.96.

–. *Texte zur Quantentheorie.* Hamburg: Meiner Verlag, 2021.

Shan, Yafeng. *Doing integrated history and philosophy of science: A case study of the origin of genetics.* Bd. 320. Berlin: Springer Nature, 2020.

Simmel, Georg. «Kant and Goethe: On the history of the modern weltanschauung». *Theory, Culture & Society* 24, Nr. 6 (1916 2007): 159–91.

Spinicci, Paolo. «Analitico e sintetico. Lezioni su Kant, Husserl». Milano: Cuem, 2003.

–. *Il mondo della vita e il problema della certezza. Lezioni su Husserl e Wittgenstein.* Milano: Cuem, 2019.

–. *Sensazione, percezione, concetto.* Bologna: Il Mulino, 2000.

Steigerwald, Joan. «Goethe's morphology: Urphänomene and aesthetic appraisal». *Journal of the History of Biology* 35, Nr. 2 (2002): 291–328.

Tamborini, Marco. «‹If the Americans Can Do It, So Can We›: How Dinosaur Bones Shaped German Paleontology». *History of Science* 54, Nr. 3 (2016): 225–56. https://doi.org/10.1177%2F0073275316671526.

–. «Technische Form und Konstruktion». *Deutsche Zeitschrift für Philosophie* 68, Nr. 5 (2020): 712–33. https://doi.org/10.1515/dzph-2020-0049.

–. «Technoscientific Approaches to Deep Time». *Studies in History and Philosophy of Science Part A* 79, Nr. 1 (2020): 57–67. https://doi.org/10.1016/j.shpsa.2019.03.002.

–. *The Architecture of Evolution: The Science of Form in Twentieth-Century Evolutionary Biology.* Pittsburgh: University of Pittsburgh Press, 2022.

–. «The Circulation of Morphological Knowledge: Understanding ‹Form› across Disciplines in the Twentieth and Twenty-First Centuries». *Isis* 4, Nr. 113 (2022). https://doi.org/10.1086/722439.

–. *Entgrenzung. Die Biologisierung der Technik und die Technisierung der Biologie.* Hamburg: Meiner Verlag, 2022.

–. «The Elephant in the Room: The Biomimetic Principle in Bio-Robotics and Embodied AI». *Studies in History and Philosophy of Science* 97 (2023): 13–19. https://doi.org/10.1016/j.shpsa.2022.11.007.

–. «Philosophie der Bionik: Das Komponieren von bio-robotischen Formen». *Deutsche Zeitschrift für Philosophie* 71, Nr. 1 (2023). https://doi.org/10.1515/dzph-2023-0002.

–. «The Epistemic Grammar of Bioinspired Technologies: Shifting the Focus from Nature to Scientific Practices». *Technology in Society*, 2024, 102626. https://doi.org/10.1016/j.techsoc.2024.102626.

–. *Biorobotik.* Hamburg: Junius Verlag, 2024.

–. «Data and Visualizations of Deep Time». In: *Handbook of the Historiography of the Earth and Environmental Sciences*, herausgegeben von Elena Aronova, David Sepkoski und Marco Tamborini. Heidelberg/Berlin: Springer, 2024.
–. «Exploring the Transition: Biology, Technology, and Epistemic Activities». *Synthese* 27 (2024). https://doi.org/10.1007/s11229-024-04675-z.
–. «Buchbesprechung: Massimo Mugnai: Come NON insegnare filosofia. Mailand: Raffaele Cortina Editore, 2023». *Archiv für Begriffsgeschichte* 66, Nr. 2 (2025).
–. «The Epistemology of Bio-Inspired Disciplines: Unpacking Modelling in Biorobotics». *International Studies in the Philosophy of Science*, 2025. https://doi.org/10.1080/02698595.2024.2447979.
–. «Homo Translator: Concretizing the Human-in-the-Loop in Bio-Inspired Technologies», Topoi, (2025) https://doi.org/10.1007/s11245-025-10208-1.
–. «The ethics of bioinspired animal-robot interaction: A relational meta-ethical approach», *Journal of Responsible Technology*, 22 (2025), 100116. https://doi.org/10.1016/j.jrt.2025.100116.
–. «Sustainability of AI and robotics: towards a unified framework for intelligence biosystems», *AI and Ethics*, Online-Vorab-Publikation, September 2. https://doi.org/10.1007/s43681-025-00830-5.
Vercellone, Federico und Salvatore Tedesco. *Glossary of Morphology*. Heidelberg: Springer, 2020.
Verhaegh, Sander, Jeanne Peijnenburg, Sander Verhaegh und Jeanne Peijnenburg. «Introduction: Women in the history of analytic philosophy». In: *Women in the History of Analytic Philosophy. Selected Papers of the Tilburg – Groningen Conference, 2019*, 1–21. Berlin: Springer, 2023.
Vogelmann, Frieder. *Die Wirksamkeit des Wissens. Eine politische Epistemologie*. Berlin: Suhrkamp Verlag, 2022.
Voigt, Wolfram und Ulrich Sucker. *Johann Wolfgang von Goethe als Naturwissenschaftler*. Wiesbaden: Vieweg+Teubner Verlag, 1987.
Vollgraff, Matthew und Marco Tamborini. «Biotechnics and politics: A genealogy of nonhuman technology». *History of Science* Online first (2023). https://doi.org/10.1177/00732753231187676.
White, M. *From a Philosophical Point of View: Selected Studies*. Princeton: Princeton University Press, 2009.
White, Morton. *A philosophy of culture: The scope of holistic pragmatism*. Princeton: Princeton University Press, 2009.
Wittgenstein, Ludwig. *Tractatus logico-philosophicus*. Frankfurt am Main: Suhrkamp Verlag, 1973.
–. *Vermischte Bemerkungen / Culture and Value*. Oxford: Blackwell, 1980.
–. *Philosophische Untersuchungen = Philosophical investigations / Ludwig Wittgenstein*. Rev. 4th ed., herausgegeben von P. M. S. Hacker und Joachim Schulte. Chichester: Wiley-Blackwell, 2009.
–. *Bemerkungen über die Farben Über Gewißheit. Zettel. Vermischte Bemerkungen*. Frankfurt am Main: Suhrkamp Verlag, 2017.
Zschocke, Walter. «Über Kants Lehre vom Schematismus der reinen Vernunft». *Kant-Studien*, 12, Nr. 1–3 (1907): 157–212. https://doi.org/10.1515/kant.1907.12.1-3.157.

Das Signet des Schwabe Verlags
ist die Druckermarke der 1488 in
Basel gegründeten Offizin Petri,
des Ursprungs des heutigen Verlags-
hauses. Das Signet verweist auf
die Anfänge des Buchdrucks und
stammt aus dem Umkreis von
Hans Holbein. Es illustriert die
Bibelstelle Jeremia 23,29:
«Ist mein Wort nicht wie Feuer,
spricht der Herr, und wie ein
Hammer, der Felsen zerschmeisst?»